MANUAL DO
PERSONAL TRAINER
BRASILEIRO

CIP-BRASIL. CATALOGAÇÃO-NA-FONTE
SINDICATO NACIONAL DOS EDITORES DE LIVROS, RJ

D718m
5. ed.

Domingues Filho, Luiz Antônio
Manual do personal trainer / Luiz Antônio Domingues Filho. - 5. ed. - São Paulo
: Icone, 2015.
248 p. : il. ; 21 cm.

ISBN 978-85-274-1286-5

1. Aptidão física. 2. Exercícios físicos. 3. Preparadores físicos pessoais - Manuais,
guias, etc. I. Título.

15-22082   CDD: 613.71
                                          CDU: 613.71

24/04/2015   30/04/2015

LUIZ ANTÔNIO DOMINGUES FILHO

MANUAL DO
PERSONAL TRAINER
BRASILEIRO

5ª edição
revista e ampliada

Brasil – 2015

© Copyright 2015.
Ícone Editora Ltda.

Capa e diagramação
Richard Veiga

Fotos
Ana Paula Haiek

Modelos
Thais Massini Rodrigues
Luiz Antônio Domingues Filho

Revisão
Juliana Biggi

Proibida a reprodução total ou parcial desta obra,
de qualquer forma ou meio eletrônico, mecânico,
inclusive por meio de processos xerográficos, sem
permissão expressa do editor (Lei nº 9.610/98).

Todos os direitos reservados à:
ÍCONE EDITORA LTDA.
Rua Anhanguera, 56 – Barra Funda
CEP 01135-000 – São Paulo – SP
Tel./Fax: (11) 3392-7771
www.iconeeditora.com.br
iconevendas@iconeeditora.com.br

O autor

LUIZ ANTÔNIO DOMINGUES FILHO

CREF-SP: 2197

É formado em Educação Física pela Universidade Federal do Mato Grosso do Sul, especializado em Administração, Engenharia e Marketing Desportivo pela Universidade Gama Filho do Rio de Janeiro, mestre em Educação Física, área de performance humana, pela Universidade Metodista de Piracicaba. Publicou vários livros, possui artigos em periódicos científicos especializados, tem matérias em revistas e jornais de circulação regional e nacional e inúmeras aparições na TV. É Diretor do In Forma: Centro de Atividade Corporal em Santos, SP. Tem 27 anos de experiência na área de Educação Física como: escritor, autor, treinador, administrador, consultor, organizador de eventos e palestrante. Eleito o melhor Personal Trainer do Brasil em 2012 pela Sociedade Brasileira de Personal Trainers.

 http://www.informaluiz.com.br

 @luizinforma

 Luiz Antonio Domingues Filho

Colaboradora

LUCIANA FATALLA BRANCO FÉLIX DA SILVA

Formada em Nutrição pela Pontifícia Universidade Católica de Campinas – PUC; Especialização em Nutrição Clínica; Professora de Educação Alimentar do SESI – Santos; atua em Nutrição Clínica e Esportiva.

DEDICATÓRIA

Este livro é dedicado à minha esposa Márcia, por seu apoio, estímulo, amor e compreensão. Aos meus filhos Lucas, Luíza e Priscilla. Aos meus pais Luiz Domingues e Erly Laport pela educação, criação e orgulho, como também às minhas irmãs, Iná e Gleice.

AGRADECIMENTOS

Aos profissionais de Educação Física, Medicina, Fisioterapia, Nutrição e Psicologia de vários Estados brasileiros, pelos dados fornecidos e palavras de apoio.

A todos os meus colegas de turma e professores da Universidade Federal do Mato Grosso do Sul, da Universidade Gama Filho e da Universidade Metodista de Piracicaba, pelos ensinamentos e bons momentos vividos.

Ao Sr. Almir Ângelo da Silva, "Chez Ângelo", pelo apoio na produção.

À Srª Ana Paula Haiek, que soube captar com a sua câmera fotográfica as melhores imagens.

À professora de Educação Física Thaís Massini Rodrigues, pela alegria e disposição durante as sessões de fotografias.

Ao Sr. David Vital Correa, pelas sábias orientações e palavras de apoio.

Aos meus companheiros de trabalho na *In Forma: Centro de Atividade Corporal*.

Aos meus clientes, que serviram como fonte de inspiração na confecção deste livro.

Índice

Prefácio 15

Introdução 17

Capítulo 1
Definição de *personal training* 19

Capítulo 2
O que é preciso para ser um *personal trainer* 21

Capítulo 3
Os tipos de contato de um *personal trainer* 25
   3.1 – Primeira entrevista 28
   3.2 – Finalidades e objetivos 40
   3.3 – Deveres do cliente 40
   3.4 – Deveres do *personal trainer* 41
   3.5 – Venda 42
       3.5.1 – O poder das perguntas 45
   3.6 – Como e quanto cobrar 49
   3.7 – Contratar um *personal trainer* é um ótimo
       investimento pessoal? 54

Capítulo 4
Tipos de comunicação do *personal trainer* 61
   4.1 – Equipamentos de comunicação
       utilizados pelo *personal trainer* 62
   4.2 – Divulgação 66
   4.3 – Local de trabalho e material de treinamento
       do *personal trainer* 74

Capítulo 5
Avaliação clínica e exames médico e complementar 77

Capítulo 6
Avaliação da aptidão física (A.A.F.) 79
  6.1 – Medidas antropométricas 80
  6.2 – Relação cintura/quadril (RCQ) 87
  6.3 – Somatotipo 89
  6.4 – Composição corporal 91
  6.5 – Índice de massa corporal 107
  6.6 – Aparelho usado nessa avaliação
      (compasso, plicômetro ou espessímetro) 110
  6.7 – Avaliação da composição corporal por
      impedância bioelétrica 111
  6.8 – Flexibilidade 114
  6.9 – Força e resistência muscular 118
  6.10 – Capacidade cardiorrespiratória 135
  6.11 – Limiar anaeróbio (LA) 144
  6.12 – Ficha de avaliação e evolução 146

Capítulo 7
Frequência cardíaca (FC) 149
  7.1 – Frequência cardíaca de repouso 152
  7.2 – Frequência cardíaca de segurança 152
  7.3 – Frequência cardíaca de reserva 152
  7.4 – Frequência cardíaca de recuperação 152
  7.5 – Frequência cardíaca máxima 153
  7.6 – Frequência cardíaca de treinamento 153
  7.7 – Método da taxa de exaustão percebida (TEP) ... 156
  7.8 – Hipertensão 157
  7.9 – Hipotensão 159
  7.10 – Pressão sanguínea ou pressão arterial 160
  7.11 – Colesterol 161
  7.12 – Triglicerídeos 162

7.13 – Glicose sanguínea............................ 163
7.14 – O idioma do coração 164

Capítulo 8
Recomendações para os programas de *personal training* .. 167
8.1 –Recomendações para clientes epilépticos........ 167
8.2 –Recomendações para clientes hipertensos....... 168
8.3 –Recomendações para clientes diabéticos........ 170
8.4 –Recomendações para clientes asmáticos.......... 171
8.5 –Recomendações para clientes herniados.......... 172
8.6 –Recomendações para clientes cardiopatas
ou em reabilitação cardíaca............................ 173
8.7 –Recomendações para clientes gestantes.......... 174
8.8 –Recomendações para clientes com varizes 175
8.9 – Recomendações para clientes com osteoporose.. 176
8.10 – Recomendações para clientes obesos........... 176

Capítulo 9
Considerações sobre a prescrição de exercícios para
idosos, mulheres, crianças e jovens 179
9.1 – Idosos 179
9.2 – Mulheres.............................. 181
9.3 – Crianças e jovens............................ 183

Capítulo 10
Orientação física 187
10.1 – Tipos de aulas.............................. 197
10.2 – Manutenção do peso...................... 201
10.2.1 – Calcule a sua taxa metabólica basal (TMB)..201
10.3 – Alguns benefícios causados pela atividade
física no corpo do seu cliente...................... 203
10.4 – Alguns lembretes 204
10.5 – Palavra final................................ 208

Referências bibliográficas..............................209

Leitura complementar 217

Capítulo 11
Nutrição..............................219
  11.1 – A importância das técnicas da Nutrição
    na saúde..............................219
    11.1.1 – O papel do profissional de Nutrição
      na saúde 219
    11.1.2 – A importância de uma anamnese 220
  11.2 – Alimentação balanceada e cuca fresca na
    prevenção de doenças e manutenção da saúde .. 221
  11.3 – Atingindo o equilíbrio nutricional 224
    11.3.1 – Conservação de energia 224
    11.3.2 – Balanço energético..............................228
    11.3.3 – Metabolismo basal..............................229
    11.3.4 – Fatores que influenciam a taxa de
      gasto energético 230
    11.3.5 – Requerimentos energéticos totais 233
    11.3.6 – Grupos de alimentos 234
      11.3.6.1 – Energéticos...............................234
      11.3.6.2 – Construtores 239
      11.3.6.3 – Reguladores..............................240
  11.4 – Como compor um cardápio balanceado 242
  11.5 – Dezessete dicas finais de alimentação 243
  11.6 – Uma palavra final 245

Referências bibliográficas 246

Posfácio 247

14

Prefácio

A constante busca pela melhor qualidade de vida contribuiu para que a atividade física ganhasse um papel de destaque na rotina das pessoas no mundo moderno.

A Educação Física em nosso País, como área acadêmica, já se consolidou como formadora de profissionais capazes de atender a uma demanda cada vez mais crescente de pessoas buscando praticar atividade física como um hábito indispensável no seu dia a dia.

Consequentemente, o próprio mercado exigiu especial atenção a esta demanda, surgindo então a figura do treinador particular, conhecida entre nós como *personal trainer*, apto a cuidar de pessoas de maneira individualizada, com muito maior atenção e segurança, garantindo benefícios mais rápidos e eficazes no envolvimento desses clientes com a atividade física.

Este profissional especialista que cuida dos vários fatores dos engajados em atividade física, tais como o seu comportamento de esforço, a necessidade nutricional, o amparo psicológico, necessita de uma formação complementar à obtida nos seus cursos de graduação na área.

Por outro lado, a sua atuação pode ficar muito mais segura, ganhando muito mais qualidade na prestação dos seus serviços, caso este profissional tenha apoio de textos como este do Prof. Ms. Luiz Domingues Filho.

A experiência prática do autor no tema, o seu envolvimento com o mundo acadêmico, e a própria aceitação das edições anteriores, fazem com que esta nova edição do *Manual do* Personal Trainer *Brasileiro* venha preencher muitas necessidades dos profissionais iniciantes e mais experientes nesta área.

Trata-se de um manual com informações científicas adequadas, com sugestões de quem já experimentou várias ações com seus próprios clientes, e, acima de tudo, como mais uma grande ferramenta à disposição de profissionais em uma atividade exigindo atualização constante dentro do próprio dinamismo da Educação Física nos dias atuais.

Prof. Dr. José Medalha
Coordenador do Curso de Educação Física da
UNAERP – Campus Guarujá

Introdução

O número de pessoas que procuram uma atividade física que atenda individualmente suas necessidades, seu esquema de horário, que não tenha um espaço limitado e que sejam assistidas por profissionais com formação adequada e devidamente comprovada vem aumentando nos últimos anos.

Esta obra é uma contribuição para aqueles que desejam tornar-se *personal trainers*, para os que já atuem nessa área ou que se interessem pelo assunto.

Hoje, o mercado possui vasta literatura que facilita a pesquisa do profissional desta área, fato de extrema importância, pois dá segurança para tomar o caminho mais adequado na montagem de um programa. Na prática manifesta-se com ações suficientemente consistentes, seguras, variadas e objetivas, para que o cliente se beneficie ao máximo com a prática da atividade física.

Ser *personal trainer* exige um certo grau de experiência de quem exerce a profissão. Uma conduta errada ou a inépcia em determinadas situações durante uma atividade física poderão trazer trágicas consequências não só ao cliente como também ao profissional. Como sugestão, durante o período de aprendizado básico deve-se procurar acompanhar outros *personal trainers* mais experientes. Com o convívio sempre há troca de conhecimentos e, aos poucos, adquire-se autoconfiança e melhor desempenho.

Sem maiores pretensões de ensinar ou de esgotar o assunto, espero que esta obra contribua um pouco mais no dia a dia e possa vir a ser de utilidade para o leitor.

O autor

CAPÍTULO 1
Definição de *personal training*

Palavra de origem inglesa que tem o significado de treinamento personalizado. Ganhou espaço na mídia mundial no início dos anos 90, quando algumas estrelas de Hollywood e do *show biz* adotaram o serviço de instrutores particulares de ginástica devido à falta de tempo para irem a academias, como também para evitar o assédio dos fãs. Com isso, estas palavras que estão relacionadas abaixo acabaram sendo incorporadas na linguagem dos professores de Educação Física, embora haja uma certa confusão quando querem se expressar aos seus clientes: *personal trainer* × *personal training*.

Personal = individual, particular.
Training = treinamento, aprendizado.
Trainer = treinador.
Personal trainer = treinador personalizado, ou seja, é o profissional de Educação Física que atua como professor particular de atividade física.

Dessa maneira, podemos definir *personal training* como:
Atividade física desenvolvida com base em um programa particular, especial, que respeita a individualidade biológica, preparada e acompanhada por profissional de Educação Física, realizada em horários preestabelecidos para, com segurança, proporcionar um condicionamento adequado, com finalidade estética, de reabilitação, de treinamento ou de manutenção da saúde.

A profissão de *personal trainer* começou ainda na pré-história, quando os povos viviam aterrorizados e ao mesmo tempo agradecidos por tudo que acontecia em sua volta. Então os melhores caçadores, lutadores e outros ensinavam aquilo que sabiam, não por exigência espontânea, mas servindo como um guia à consciência de sua utilidade para aqueles que desejavam aprender, a fim de fortificar o corpo, para defender-se dos animais, caçá-los e auxiliá-los nos combates contra outros povos. O treinamento empírico aqui praticado pelos primitivos está retratado em inúmeros desenhos encontrados em cavernas, nos quais as figuras mostram as suas realizações, ações e descobertas. Vê-se que a Educação Física é considerada cultura e continua sendo de fundamental importância na evolução da espécie humana, mudando apenas a forma de pagamento.

Atualmente quando as pessoas começam a pensar em contratar ou contratam um *personal trainer*, elas buscam aqueles que realmente entendem do que estão falando ou propondo em termos de *personal training*, que sejam inteligentes, que tenham boa comunicação e habilidade tátil, bom relacionamento, que possuam formação acadêmica, experiência prática, comprometimento e saibam da importância de seu trabalho levando em consideração as necessidades, os desejos, as metas e principalmente as limitações dos seus clientes. O treinamento personalizado tem que ser sempre motivador, desafiador, efetivo e divertido para que os clientes nunca percam o entusiasmo em relação ao exercício físico e estejam sempre satisfeitos com você, *personal trainer*.

CAPÍTULO 2
O que é preciso para ser um *personal trainer*

Para ser um *personal trainer* antes de tudo é necessário ter concluído o curso de Educação Física, que tem em geral a duração de quatro anos, e depois fazer algumas especializações e estágios em diferentes áreas como treinamento e *marketing* desportivo, primeiros socorros, atividades aquáticas, esportes coletivos e individuais, avaliação física, fisiologia do exercício, biomecânica e outros, a fim de poder oferecer um serviço com segurança e eficiência, já que iremos lidar com desejos, necessidades e limitações de cada pessoa. Atualmente apenas a formação universitária e aparência, sem que se tenha experiência e bom senso, não qualifica ninguém para fazer qualquer coisa nesta área.

Um curso de línguas e de informática também é obrigatório nos dias atuais, devido ao fato de que a globalização está proporcionando muitas oportunidades de emprego, entre elas o número crescente de estrangeiros em nosso país que estão contratando *personal trainers* que saibam se comunicar em outra língua. No caso da informática, ela ganhou importância e utilidade devido ao fato de ser um instrumento agilizador na execução de tarefas em diversas áreas de produção, como também fonte de pesquisa e de relacionamento.

Como todo *personal trainer* e uma empresa sugiro que faça cursos na área de gestão, de finanças e de vendas para poder desenvolver melhor o seu negócio. Já que muitos colegas apresentam dificuldades em administrar, em negociar e em vender o serviço de *personal training*, com isso acabam se equivocando diante de decisões sobre dinheiro.

Além disso, é conveniente que o *personal trainer* participe de palestras, congressos, cursos e outras atividades correlatas para que se atualize, a fim de se manter a par das últimas novidades e progressos nesse campo.

Lembre-se de que tudo que você puder acrescentar ao seu currículo será melhor para você e seu cliente, por isso nunca se acomode. Isso é um diferencial.

Até há pouco tempo não existia um conselho federal e regional de Educação Física (CONFEF/CREF) que cadastrasse os profissionais de Educação Física que estavam atuando no mercado de trabalho. Por causa disso, qualquer aventureiro, sem qualquer qualificação, podia se autodenominar *personal trainer* e sair por aí fazendo o que bem entendesse, geralmente tudo errado, causando efeitos contrários aos desejados pelo cliente e pela nossa profissão, sujeitando-se a ser punido por exercê-la ilegalmente. O CONFEF (2003) reconhece em seu código de ética, o personal trainer como uma das denominações do profissional de Educação Física. Portanto o profissional que deseja atuar nesse segmento além ter o diploma universitário de Educação Física deverá estar registrado no CREF da sua região.

Nós fazemos um trabalho muito importante para os clientes que nos contratam, e sendo assim, temos a responsabilidade de realizarmos esse trabalho com profissionalismo, com seriedade, com dedicação e com comprometimento. Ao oferecer o nosso melhor, ajudamos as pessoas a se transformarem num todo (físico, intelectual, cultural e social).

A sugestão é você ter boa capacidade de comunicação, relacionamento pessoal, demonstrar o seu trabalho através de clientes que você assessora ou daqueles que já se utilizaram do seu serviço a continuidade do trabalho e a experiência nessa área. Lembre-se de que quanto mais experiente, maior valorização, melhor remuneração, mais clientes. Embora sabemos que o número máximo de horas que podemos atender semanalmente é de 20 a 50 horas semanais. Mais do que isso tende a comprometer o nosso serviço.

Gostaria de salientar, assim como a maioria das empresas que não conseguem atender a todos os segmentos, o personal trainer também não conseguirá, já que cada cliente possui suas próprias características, personalidade, objetivos e expectativas.

Nesse sentido, aconselho escolher um segmento ou nicho, onde possa focar em um determinado grupo de pessoas, com características iguais ou pelo menos parecidas. Ao escolher um grupo, torna-se mais fácil para o personal trainer divulgar e prestar um serviço com excelência, satisfazendo as necessidades e as expectativas desse público-alvo, deixando-os mais satisfeitos. Acredite, ao escolher um nicho de atendimento, você se diferencia dos demais e vira referência ou especialista nesse segmento.

Outro detalhe importante refere-se à carreira profissional. Muitos colegas querem e levam o trabalho a sério, o que é correto, mas esquecem de levar a própria carreira a sério. A consequência é que estes profissionais de Educação Física que desejam tornar-se ou que já atuam como *personal trainer* poderiam chegar muito mais longe, poderiam usar seu talento e seus esforços de modo mais completo e satisfatório se planejassem sua vida profissional enquanto estivessem, por exemplo, na faculdade. Mas isso infelizmente não ocorre devido ao fato de a grande maioria preocupar-se apenas com o presente, esquecendo-se de que num período de 20 a 30 anos após a sua formatura o seu corpo, a sua energia não serão mais a mesma, mas o volume de trabalho poderá ser igual ou até maior, assim como outros compromissos que serão inseridos na sua vida, com isso ele tende a perceber que o tempo passou e que poderia ter feito outras coisas para que quando chegasse este momento o seu emocional e o seu financeiro fossem outros.

"Não estou no ramo de treinamento personalizado apenas para atender pessoas. Estou no negócio de pessoas para VENDER EXPERIÊNCIAS dentro das sessões de treinamento personalizado".

DOMINGUES FILHO, 2010

CAPÍTULO 3
Os tipos de contato de um *personal trainer*

Os tipos de contatos do *personal trainer* podem ser classificados de duas maneiras:

• **Direto:** feito pela presença física do *personal trainer*. Ex.: Por meio de palestras, cursos e seminários, apresentação, participação em eventos sociais...

• **Indireto:** sem a presença física do *personal trainer*, mas por meio de artifícios e oportunidades. Ex.: jornal, revista, TV, rádio, telefone, fax, folhetos, panfletos, cartão de visita, *websites*, *blogs*, páginas de relacionamentos na internet...

Esses contatos servem para que o cliente tenha uma noção sobre o *personal trainer*. Caso ele tenha interesse pelo serviço, irá procurá-lo a fim de obter informações e esclarecer dúvidas, como:

– O que eu posso e devo fazer?
Esta pergunta é clássica, mas para respondê-la é preciso ter em mãos informações e resultados que serão fornecidos pela anamnese, pela avaliação física e pelo exame médico do cliente.

– Onde fazer?
Temos várias opções de locais, podendo até mesclá-los, caso seja possível. Geralmente utilizamos: a residência, a academia, o escritório, o estúdio de *personal training* e os lugares ao ar livre.

– Qual o preço cobrado?

Varia de cliente para cliente. Mas o valor sofre acréscimos quando o *personal trainer* tenha que se deslocar até a residência ou outro local combinado.

– Qual a duração da atividade?

Depende da aptidão física e da necessidade do cliente. Geralmente dura em torno de 60 minutos, mas há casos que pode ser apenas 30 minutos como também pode ultrapassar os 60 minutos.

– Qual o número das sessões?

A realidade tem demonstrado de 2 a 3 vezes na semana, mas pode chegar até 6. Tudo depende da disponibilidade e dos objetivos do cliente.

– Existem horários? Quais? São flexíveis?

É muito importante ter um controle de horários e de clientes para poder, quando solicitado, oferecer ao seu futuro cliente os horários disponíveis. Percebemos que a procura é maior nos horários da manhã das 6h00 às 10h00, e à noite, das 17h00 às 22h00. Essa flexibilidade a qual ele se refere é a respeito do horário, quando por algum motivo ele precise faltar naquele horário combinado e se há possibilidade de repor.

– Outras informações.

Refere-se à questão das férias, feriados, doenças, atrasos e outros assuntos. Tudo isso deve ser combinado no começo da prestação do serviço, para depois não haver reclamações de ambas as partes.

É interessante você criar um controle de horários e clientes, a fim de demonstrar ao seu futuro cliente os horários disponíveis, como também para deixar registradas outras informações acima questionadas.

CONTROLE DE HORÁRIO E CLIENTES

	Segunda-feira	Terça-feira	Quarta-feira	Quinta-feira	Sexta-feira	Sábado
06h00						
07h00						
08h00						
09h00						
10h00						
11h00						
12h00						
13h00						
14h30						
15h30						
16h30						
17h30						
18h30						
19h30						
20h30						

Observação:

- Todo pagamento será realizado na data do início da atividade.
- O valor a ser pago é individual e antecipado.
- Os valores do investimento são: 02 sessões de treinamento por semana – R$
  03 sessões de treinamento por semana – R$
  04 sessões de treinamento por semana – R$
  05 sessões de treinamento por semana – R$
- O investimento de uma sessão de treinamento é de R$ (uma hora).
- Assessoria esportiva (04 planilhas) R$ (valor mensal).
- Os horários das sessões de treinamento deverão ser respeitados. O cliente deve estar pronto quando o professor chegar. Haverá uma tolerância de 15 minutos.
- O cliente não deve atender ao telefone ou celular durante os exercícios, a não ser em casos extremos.
- Quando for cancelar alguma sessão de treinamento, comunicar um dia antes.
- As sessões de treinamento podem ser feitas em clínicas, residências, academias, escritório, estúdio do *personal trainer* e ao ar livre.
- Não haverá sessões de treinamento no período dos feriados, mas as mensalidades correrão normalmente.
- Caso o cliente precise se ausentar por um período longo e queira manter o horário, as mensalidades correrão normalmente.
- É importantíssimo que o cliente faça uma avaliação física e exame médico antes de começar qualquer tipo de atividade física.
- O valor é individual, valor mensal.
- Caso o *personal trainer* precise se ausentar, o cliente terá à sua disposição um profissional substituto ou a devolução do valor referente àquela sessão de treinamento.

Nome + CREF
Número do telefone / celular + e-mail

3.1 – Primeira entrevista

Conhecer pelo menos um pouco das técnicas de *marketing* pessoal é fundamental para o sucesso hoje em dia, dessa forma, invista sempre no seu *marketing* pessoal, pois facilita e torna mais eficiente a sua relação com os seus clientes em potencial. Como o ditado popular cita, "a primeira impressão é a que fica" (esse prejulgamento, por mais precipitado que seja, pode ser a diferença entre uma oportunidade que se abre ou que se fecha); assim, procure caprichar nesse detalhe com trajes e atitudes de um profissional de Educação Física, ou melhor, como de um *personal trainer*, pois já observei muitos profissionais cometerem o erro de achar que sua qualificação, sua aparência e suas credenciais por si sós já eram motivos para que todos os novos clientes o desejassem e não é bem assim, tem que haver imagem, credibilidade, comunicação e simpatia (as pessoas nunca reparam no que está em ordem no seu visual, mas sim no que está errado). Nessa primeira entrevista, procure demonstrar ao cliente total atenção; mesmo sem ser solicitado mostre ou fale um pouco do seu currículo, apresente o seu *book* com matérias de jornais e revistas sobre você ou publicadas por você; explique a sua filosofia pessoal de trabalho e entregue o seu cartão de visita com seu nome, endereço e telefone. Por sua vez ouça os desejos, problemas, necessidades e observe os hábitos do seu cliente para poder identificar oportunidades de melhor servi-lo e diga o que você pode fazer realmente por ele. Lembre-se que um cliente satisfeito é a melhor fonte de novos serviços e de referências. Cobre de acordo com o potencial financeiro de cada cliente.

Lembre-se, você está ali para conquistá-lo, por isso tenha sempre em mente estas regrinhas:

O cliente	• é a pessoa mais importante em qualquer negócio,
	• sem ele não haveria o nosso negócio, que é o serviço de atividade física personalizada ou *personal training*;
	• não depende de nós, nós dependemos dele, mas não precisamos demonstrar isso, caso contrário ele vai determinar quase tudo no nosso trabalho, inclusive o preço;
	• é o nosso objetivo;
	• é uma pessoa com sentimentos e emoções iguais às nossas, por isso a importância de sermos sempre profissionais acima de tudo;
	• é uma pessoa que tem necessidades e desejos, a nossa meta é satisfazê-lo, por meio de programas individuais de qualidade e com objetivos preestabelecidos;
	• é a razão do nosso negócio.

Após essa primeira entrevista, onde se acertaram todos os detalhes, como a assinatura do contrato de prestação de serviço e o termo de responsabilidade, o *personal trainer* precisa de informações sobre o seu novo cliente para conhecê-lo um pouco melhor. Para isso, é fornecido um questionário, contendo: informações gerais do cliente, cadastro, informações adicionais, objetivos, histórico geral de saúde, resumo atual da prática de exercícios físicos, tempo de dedicação para prática e resultados da avaliação física. Este questionário ajuda o *personal trainer* a vender outros serviços, além de fidelizar o cliente, pois serve como um banco de dados que auxilia na tomada de decisões quanto à prescrição de exercícios e as metas a serem alcançadas. Todas as informações têm que ser mantidas confidencialmente. É interessante que você mantenha um diálogo com o médico, nutricionista, psicólogo do seu cliente, caso ele possua, para que o programa proposto atinja realmente o seu objetivo. Como sugestão tenha também um controle de assiduidade e do pagamento mensal, evitando assim problemas futuros.

CONTRATO DE PRESTAÇÃO DE SERVIÇOS

Termo de contrato que entre si estabelecem ....
....
estabelecido à ....,
no município de ....,
estado de ...., inscrito no CPF sob o número de.....................
.... e portador(a) da cédula de identidade
RG. .... Ao final assinado(a) e doravante
denominado(a) simplesmente CONTRATANTE e..............................,
residente à rua ....
...., no município de ....,
Estado de ...., inscrito no CPF sob o número de ....
.... e portador(a) da cédula de identidade,
RG. .... e do registro do CREF................
Ao final assinado(a) e doravante denominado(a) simplesmente CON-
TRATADO, mediante as seguintes condições:

CLÁUSULAS CONTRATUAIS

Cláusula 1
Do Objeto

1.1. O objeto do presente contrato é a prestação de serviços de treinamento físico individual, abaixo especificado.

1.2. O período de treinamento diário será de ....
horas, nos dias......................................, exceto feriados.

1.3. Será considerado o período de 15 (quinze) minutos de atraso para
qualquer das partes.

1.4. Na falta do cliente, sem notificação prévia de 24 horas, será considerada sessão de treinamento realizada.

1.5. Na falta do *personal trainer*, sem notificação prévia de 24 horas,
deverá este repor a sessão de treinamento não efetuada ou ressarcir
o valor correspondente.

1.6. Período de férias será sempre de 23 de dezembro a 02 de janeiro.

Cláusula 2
Prazo

2.1. O presente contrato é celebrado pelo prazo de 12 (doze) meses,
contados a partir da data de sua assinatura, tendo seus valores reajustados ou não após o primeiro ano de vigência.

2.2. O prazo mínimo de duração do presente contrato é de 3 (três) meses.

2.3. Vencido o contrato, será ele automaticamente prorrogado por prazo indeterminado, podendo, nesta condição, ser denunciado imotivadamente por qualquer das partes, quando não mais lhes interessar a continuidade deste, mediante notificação prévia de 30 (trinta) dias.

Cláusula 3
Preço

3.1. Fica claro e inequívoco que os preços contratuais pactuados são os seguintes:
3.1.1. Preço por hora da sessão de treinamento R$.......................
3.1.2. Preço total das sessões de treinamento R$.........................

Cláusula 4
Forma e condições de pagamento

4.1. O CONTRATANTE obriga-se a efetuar ao CONTRATADO o pagamento dos valores relacionados na cláusula 3.

4.2. O vencimento da obrigação será mensal e ocorrerá no dia .... de cada mês.

4.3. O primeiro pagamento será no ato da contratação e os demais no dia combinado, conforme o parágrafo 4.2. Outros débitos que possam vir a ocorrer, referente a outros serviços utilizados, dar-se-á semanalmente.

4.4. A falta do pagamento na data de seu vencimento implicará multa contratual de 2% (dois por cento) sobre o valor mensal das horas de sessões de treinamento dadas, além dos juros de mora até o dia da efetivação do pagamento, isto a título de compensação de perdas (arts.1.056 e 1.061 do Código Civil) .

4.5. O CONTRATANTE reconhece que o valor da mensalidade constitui dívida líquida, certa e exigível, podendo o contratado protestar o título e promover sua cobrança por via de execução judicial.

Cláusula 5
Local de prestação do serviço

5.1. O local de prestação do serviço contratado será ....
....

Cláusula 6
Rescisão contratual

6.1. Dar-se-á a rescisão contratual quando:

6.1.1. Não houver cumprimento de qualquer das cláusulas pactuadas.

6.1.2. Ocorrer caso de calamidade pública ou força maior, na forma disposta na legislação brasileira, que não permita ao CONTRATADO a prossecução de suas atividades, respondendo este por eventuais devoluções proporcionais de pagamento antecipado.

6.1.3. Houver falta de pagamento da prestação mensal, por prazo superior a 60 (sessenta) dias, independente de notificação ou interpelação.

Cláusula 7
Foro Contratual

7.1. As partes elegem o foro da comarca de Santos para casos de litígios ou pendências judiciais, renunciando a qualquer outro, por mais privilegiado que seja.

Por estarem justos e contratados, assinam o presente na presença das testemunhas abaixo.

..........................., ... de .... de ....

_____
CONTRATANTE

_____
CONTRATADO

_____
TESTEMUNHA

_____
TESTEMUNHA

TERMO DE RESPONSABILIDADE

Pelo presente, e na melhor forma de direito, Eu, ...
........................., portador(a) da cédula de identidade,
RG .... e portador(a) do
CPF ...., residente na
...., cidade
.... Estado ....,
declaro encontrar-me apto(a) a realizar exercícios físicos
e, consoante liberação médica, assino o presente termo de
responsabilidade, por meio do qual fica desde já autorizado
o Sr.(a) ...., portador da cédula de identidade RG ...., e do registro do CREF ....,
a prescrever o programa de condicionamento físico especialmente elaborado para atender às minhas necessidades
individuais, bem como sua aplicação.

........................., ... de .... de ....

Obs.: grampear a cópia do exame médico.

FICHA DE INFORMAÇÕES GERAIS DO CLIENTE

CADASTRO

Nome:_____

Endereço: _____ Bairro: _____

CEP:_____Cidade: _____ Estado:_____

Tel. residencial: (   ) _____ Celular:_____

E-mail: _____

Data de nascimento:_____ / ___ / ____ Sexo:_____

INFORMAÇÕES ADICIONAIS

Nome de seu médico:

Tel.: _____ Convênio médico: _____

Em caso de emergência, chamar: _____

Tel.: _____ Seu tipo sanguíneo:_____

OBJETIVOS

Por que você está querendo fazer um programa de condicionamento físico personalizado? _____

_____

Indique três objetivos que gostaria de alcançar, com este programa de exercícios personalizado. _____

_____

Que importância tem para você alcançar estes objetivos? O que o tem impedido de alcançá-lo? _____

_____

_____

HISTÓRICO GERAL DE SAÚDE

Seu médico já mencionou alguma vez que você tem problemas cardíacos?
( ) Sim ( ) Não
Qual seria este problema? _____

Possui algum eletrocardiograma (ECG) recente anormal?
( ) Sim ( ) Não
Você sente dores no tórax quando realiza alguma atividade física?
( ) Sim ( ) Não
Você já sentiu ou sente algum incômodo ou aceleração do ritmo cardíaco?
( ) Sim ( ) Não
Algum parente próximo apresentou ataque cardíaco ou angina antes ou após os 50 anos?
( ) Sim ( ) Não Quem? _____
Você tem diabetes? ( ) Sim ( ) Não
Usa insulina diariamente? ( ) Sim ( ) Não
Você já sentiu falta de ar quando está sentado ou dormindo? ( ) Sim ( ) Não
Você tem algum tipo de alergia?
( ) Sim ( ) Não Qual? _____
Seu médico disse que seu colesterol é elevado?
( ) Sim ( ) Não Quanto? _____
Teve alguma fratura ou lesão muscular recente?
( ) Sim ( ) Não Onde?_____
Você sente dores musculares e lombares constantemente?
( ) Sim ( ) Não
Seus tornozelos e joelhos ficam constantemente inchados e doloridos?
( ) Sim ( ) Não
Você tem cãibras constantes nas pernas? ( ) Sim ( ) Não
Você sente calafrios nas mãos ou nos pés em dias quentes?
( ) Sim ( ) Não
Fez alguma cirurgia neste último semestre?
( ) Sim ( ) Não Onde? _____
Você toma algum tipo de medicamento?
( ) Sim ( ) Não Qual o motivo? _____
Você tem algum desses problemas frequentes?
Fadiga ( ) Insônia ( ) Ansiedade ( ) Depressão ( )
Irritabilidade ( ) Dor de cabeça ou Enxaqueca ( )
Qual a causa? _____
Tem hábito de fumar? ( ) Sim ( ) Não Há quanto tempo? _____
Quantos cigarros por dia? _____
Tem alguma contraindicação médica para praticar exercícios?
( ) Sim ( ) Não Qual?_____
Existe alguma observação que queira acrescentar?
( ) Sim ( ) Não Qual? _____

RESUMO ATUAL DA PRÁTICA DE EXERCÍCIOS FÍSICOS

Há quanto tempo não prática algum tipo de exercício físico regularmente?
( ) 1 mês ( ) 3 meses ( ) 6 meses ( ) 1 ano ( ) mais de 1 ano

Pratica algum tipo de exercício cardiovascular?
( ) Sim ( ) Não   Quantas vezes na semana? _____

Qual(Quais)? Marque um X nas alternativas:
( ) Caminhada   ( ) Corrida   ( ) Ciclismo
( ) *Step*   ( ) Cama elástica   ( ) Natação
( ) Hidroginástica   ( ) Dança   ( ) Ginástica aeróbica
( ) Outro   Qual? _____

Pratica algum tipo de exercício de resistência?
( ) Sim ( ) Não   Quantas vezes na semana? _____

Qual(Quais)? Marque um X nas alternativas:
( ) Musculação   ( ) Ginástica localizada
( ) Outro   Qual? _____

Pratica algum tipo de exercício alternativo?
( ) Sim ( ) Não   Quantas vezes na semana? _____

Qual(Quais)? Marque um X nas alternativas:
( ) Alongamento e flexibilidade   ( ) Yoga ( ) Bola
( ) Outro   Qual? _____

Há quanto tempo não pratica algum tipo de exercício regularmente?
( ) 1 mês   ( ) 3 meses   ( ) 6 meses
( ) 1 ano   ( ) mais de 1 ano

Você possui equipamentos e acessórios de ginástica?
( ) Sim ( ) Não

Qual(Quais)? Marque um X nas alternativas
( ) Bicicleta   ( ) Esteira   ( ) Elíptico
( ) Aparelhos de musculação
( ) Acessórios (colchonete, pesos, bastão, elástico, tornozeleiras)
( ) Outros   Qual?_____

Tem interesse em adquirir equipamentos e acessórios de ginástica?
( ) Sim ( ) Não   Qual? _____

TEMPO DE DEDICAÇÃO PARA A PRÁTICA

Qual a frequência semanal disponível para se exercitar?
( ) 2 vezes   ( ) 3 vezes   ( ) 4 vezes
( ) 5 vezes   ( ) 6 vezes

Quais os dias da semana que tem preferência para se exercitar?
( ) Segunda-feira   ( ) Terça-feira   ( ) Quarta-feira
( ) Quinta-feira   ( ) Sexta-feira   ( ) Sábado

Qual o período disponível para se exercitar?
( ) Manhã   ( ) Tarde   ( ) Noite

Quais são os seus horários disponíveis para exercitar?
_____

Quantos minutos você tem disponíveis para uma sessão de treinamento diário? _____

O que você faz nas horas de lazer? _____
_____

Você tem preferência por algum local de treino? ( ) Sim ( ) Não
Qual(Quais)? Marque um X nas alternativas:
( ) Residência   ( ) Academia
( ) Estúdio de *personal training*   ( ) Escritório
( ) Clube   ( ) Sala de ginástica de condomínio
( ) Ao ar livre   ( ) Outro
Qual? _____

RESULTADOS DA AVALIAÇÃO FÍSICA
(essa parte quem preenche é o *personal trainer*)

Altura _____ Peso _____

Está com sobrepeso superior a 10 quilos? ( ) Sim ( ) Não

% Gordura atual _____ IMC _____

Pressão arterial _____ mm Hg

Seu teste ergométrico atual foi feito em: ( ) Bicicleta ( ) Esteira

Data do teste: _____

Resultados: VO^2 máx. _____ $ml.kg^{-1}.min^{-1}$ MET _____

CONTROLE DE ASSIDUIDADE

Nome:_____

Sexo:_____ Tel.: (   )_____ E-mail_____

Data do início do programa: ____/____/____ Horário:_____

Objetivo:_____

Dias da semana: ( ) Segunda-feira   ( ) Terça-feira   ( ) Quarta-feira
( ) Quinta-feira   ( ) Sexta-feira   ( ) Sábado

Mês	Número previsto de sessões	Observação
Janeiro		
Fevereiro		
Março		
Abril		
Maio		
Junho		
Julho		
Agosto		
Setembro		
Outubro		
Novembro		
Dezembro		

CONTROLE DE PAGAMENTO MENSAL

Nome:_____

Data do início do programa: ____/____/____ Horário:_____

Objetivo:_____

Dias da semana: ( ) Segunda-feira   ( ) Terça-feira   ( ) Quarta-feira
                ( ) Quinta-feira   ( ) Sexta-feira   ( ) Sábado

Forma de pagamento: ( ) Sessão de treinamento ( ) Semanal ( ) Mensal
                    ( ) Trimestral   ( ) Semestral   ( ) Anual

Mês	Número total de sessões	Observação
Janeiro		
Fevereiro		
Março		
Abril		
Maio		
Junho		
Julho		
Agosto		
Setembro		
Outubro		
Novembro		
Dezembro		

3.2 – Finalidades e objetivos

O aspecto mais importante ao se criar um programa de treinamento ou atividade física personalizado consiste em identificar as finalidades e os objetivos. Isso é muito importante tanto para o cliente que busca resultados em competições como para aqueles que desejam entrar em forma ou pós-reabilitar-se.

A motivação, a força de vontade e a dedicação durante as aulas ou sessões aumentam quando o cliente tem em mente as metas de seu desempenho e as direções específicas para realizar seus objetivos, além da atenção total do *personal trainer*. Com isso se conseguem ótimos resultados a longo e médio prazos e, às vezes, dependendo do cliente, a curto prazo. Lembre-se que quando usamos nosso conhecimento e habilidade para ajudar uma pessoa a alcançar algo significativo na vida dela, seja na saúde, na estética ou na atitude, ocorre uma transformação positiva em nossa vida e surge uma admiração mútua, que nos faz cúmplices para sempre.

3.3 – Deveres do cliente

- Respeitar o horário. O cliente deve estar pronto quando o *personal trainer* chegar. Caso a sessão comece atrasada, ele tem o direito de cobrar o tempo extra da sessão de treinamento.
- Não deve atender ao telefone durante a sessão de treinamento.
- Agendar e definir os horários e os dias das sessões de treinamento com antecedência.
- Quando for cancelar a sessão de treinamento, comunicar um dia antes.
- Pagar em dia o valor acertado. Os honorários são cobrados por hora/sessão, semanalmente, mensalmente, trimestralmente, semestralmente, anualmente ou por objetivos.

- Ao preencher qualquer ficha informando sobre sua saúde, não esquecer: sinceridade em primeiro lugar.
- Seguir corretamente as orientações do seu *personal trainer* na execução dos exercícios. Não precisa e nem deve tentar copiar o treinamento de outras pessoas.
- Ter consciência do trabalho que está sendo realizado.

3.4 – Deveres do *personal trainer*

- Não prometer o que não pode cumprir.
- Ter boa capacidade de comunicação e relacionamento pessoal com o cliente.
- Não abusar de termos científicos e anatômicos com o cliente.
- Manter atenção nas frases de comando, explicação e conversação, pois palavras dão significado e sentido a coisas, geralmente diferentes e para clientes diferentes.
- Ser acima de tudo profissional.
- Avaliar o cliente antes, durante e depois do treinamento. Isto serve para direcionar o trabalho e corrigir possíveis erros no programa de exercício físico elaborado.
- Estabelecer metas que sejam fáceis de alcançar pelo cliente.
- Montar um programa de atividades conforme o objetivo do cliente: emagrecer, ganhar massa muscular, melhorar o condicionamento físico, reabilitação, pós-reabilitação e *performance* em esporte de alto nível.
- Deve escutar e ser flexível para torna a sessão de treinamento uma experiência efetiva e agradável ao cliente.
- Ser pontual. Caso precise faltar, deve avisar um dia antes.
- Dar atenção exclusiva ao cliente.

Para torna-se um *personal trainer* diferenciado, além do conhecimento técnico e científico adquirido pelos estudos, precisa demonstrar comprometimento, prazer em querer ser o melhor na profissão de Educador Físico e oferecer sempre o seu melhor quando estiver trabalhando, para que o cliente sinta essa energia positiva, essa vivacidade e perceba o quanto ele é importante e como essas atividades planejadas e prescritas podem contribuir com inúmeros benefícios ao seu corpo, a sua mente e ao seu espírito. Isso faz uma enorme diferença na vida deles, pois gera satisfação e fidelização

3.5 – Venda

Quando entramos ou já estamos no mercado de trabalho, precisamos estar atentos à questão de como vender o serviço de *personal training*. Ao não conseguir a concretização de uma venda, pensamos: "deve ter sido o preço! Será que devo baixá-lo?" Abaixar o preço não é o caminho, pois você estará diminuindo a importância das suas próprias qualificações, do seu esforço e da sua empresa (*Você S.A*). Geralmente o motivo que faz as pessoas quererem comprar esse serviço exclusivo e não conseguir não é o preço, mas sim como foi feita a venda. Vamos entender um pouco sobre os motivos que levam um cliente a comprar o nosso serviço:

1. A vida de uma grande parte dos nossos potenciais clientes é movimentada e estressante, muitos não têm tempo de ou vontade para praticar uma atividade física regularmente, mas entendem que precisam. Então buscam e contratam *personal trainers* para orientá-los. Mas para isso eles precisam de profissionais com qualificações, conhecimento e experiência, a fim de convencê-los de que estão capacitados a cuidar dos seus interesses.

2. Conhecimento, afinidade e confiança no profissional que está oferecendo e vendendo, por isso, no momento de apresentar o serviço de *personal training*, faça comentários das suas vantagens e comodidades, até fechar a venda ou a contratação. Atente-se a esse momento de relacionamento, em que o cliente vai conhecê-lo e passará a gostar de você e a confiar em você, caso contrário não comprará.

3. Existem indivíduos que irão contatá-lo, mas que não conhecem, talvez não façam ideia do que seja o trabalho de um *personal trainer* e que procuraram porque o médico mandou ou foi indicado por alguém, por exemplo. Esteja preparado para apresentar o serviço de *personal training* de diferentes formas para pessoas diferentes, pois os clientes não são todos iguais, portanto devem receber tratamento diferenciado.

4. Há diferenças entre os profissionais que oferecem esse serviço, todos apelam para um diferencial, mas poucos o têm verdadeiramente e por isso se torna valioso para o cliente. Ouvimos vários personal trainers se apresentando como empresas de resultado, de qualidade e com excelente atendimento. Torne isso tangível por meio de material de divulgação de qualidade, por depoimentos dos clientes, por clipagens de matérias ou reportagens publicadas sobre seu trabalho, por pesquisas de satisfação, por metodologia exclusiva de atendimento, entre outros meios. Quando todos os profissionais fazem o uso desse diferencial, a percepção do cliente muda, passando a ser pré-requisito, ou seja, é o mínimo que se espera de um *personal trainer* para comprar o seu serviço.

5. Os clientes não querem serviços, equipamentos ou produtos, querem aquilo que os serviços, equipamentos e os produtos possam fazer realmente por eles. Todos

têm problemas, sejam eles emocionais ou racionais, e estão dispostos a pagar para vê-los resolvidos. Então, crie soluções personalizadas a esses problemas com o intuito de evitar as frustrações, ou mesmo aumentá-las.

6. Comodidade, qualidade, exclusividade, acessibilidade e segurança aparecem à frente de preço, como fatores de motivação para a compra de nosso serviço.

7. Quando o cliente deseja contratar um *personal trainer*, ele observa e interpreta o valor extra agregado ao serviço com o preço. Portanto, é preciso que eles acreditem que conseguem vantagens superiores aos preços que pagam. Lembre-se: cliente não compra serviços, compra vantagens.

8. Preço é uma questão de percepção; assim, se os clientes enxergarem o serviço de *personal training* como caro, é porque não viram valor agregado correspondente, independentemente de o preço ser mais alto ou mais baixo do que o valor médio de mercado e da região. Isso tem acontecido com o mercado do *personal training* onde existe pouca diferença entre eles, e a grande diferença torna-se o preço.

9. Os clientes desejam aquilo pelo qual pagaram. Eles associam o preço diretamente à qualidade. Isto determina as suas expectativas. Caso o preço do serviço esteja muito abaixo da média do mercado para aquela região, o cliente irá criar uma baixa expectativa em relação ao serviço, ou seja, você poderá estar sugerindo ao cliente que o seu serviço, o seu atendimento e ruim e de baixa qualidade.

10. E por fim, as pessoas de modo geral compram por dois motivos: prazer de ganhar e medo de perder.

O propósito de qualquer atividade comercial é obter lucro. No caso do *personal training* não é diferente. Então, o objetivo que deve impulsionar todo *personal trainer* seria conseguir clientes que permanecessem fiéis, por um longo período de tempo. Por isso defendemos a ideia de que os clientes procuram um preço justo pelo nosso serviço e não um preço baixo. Acredito que podemos alcançar boas margens de lucro sem precisar abaixar o preço, e possivelmente podemos até aumentá-lo, afinal os melhores profissionais não admitem que o mercado ou a concorrência fixem os preços.

3.5.1 – O poder das perguntas

Minha experiência mostra que excelentes apresentações de venda são feitas por meio da técnica de perguntas reforçada por imagens, que levam possíveis clientes a avaliar as vantagens do serviço oferecido. Devemos fazê-las de maneira inteligente, na hora certa e com o tom correto de voz para evitar objeções. Existem, basicamente, dois tipos de perguntas: as perguntas fechadas e as perguntas abertas. As perguntas fechadas são aquelas cujas respostas são curtas e não dão muita informação. Por exemplo: você já praticou exercício físico? Já as perguntas abertas são aquelas que provocam a reflexão, cujas respostas são longas e nos dão mais informações a respeito do queremos saber. Exemplo: Como tem sido o seu relacionamento com o exercício físico nos últimos anos?

Fica claro que a segunda pergunta ajudará a conhecer o seu cliente ou possível cliente mais do que a primeira, por serem muito mais úteis e eficazes do que as perguntas fechadas.

De qualquer forma, as perguntas abertas têm diversas vantagens para você, entre elas:

- Qualificar o cliente;
- Estabelecer um relacionamento amistoso;

- Eliminar a concorrência ou se diferenciar dela;
- Construir a credibilidade;
- Identificar necessidades e desejos;
- Obter informações pessoais;
- Estimular reações emocionais;
- Formatar o preço do serviço de *personal training.*

E por que os indivíduos não fazem sempre perguntas abertas? Simplesmente porque isso requer um pouco mais de preparo, raciocínio e esforço para elaborá-las da maneira correta. Mas, com um pouco de prática, qualquer *personal trainer* poderá fazê-las naturalmente. Como sugestão, faça uma lista de perguntas possíveis e úteis ao seu trabalho. Leia e releia algumas vezes e verá que elas sairão naturalmente durante a entrevista com o cliente.

A entrevista deverá ser feita de forma descontraída, para que a conversa seja sobre diversos assuntos, normalmente preferimos e nos cercamos de pessoas que gostam das mesmas coisas que nós, que falam sobre assuntos que nos interessam, então procure falar sobre o trabalho, sobre a vida, os hábitos, as viagens e sobre a família, mesmo que, a princípio, nada tenham a ver com o objetivo da negociação; se as partes tiverem interesses em comum, isso ajudará a facilitar a negociação; removendo as barreiras previamente levantadas. Demonstre interesse pelo que o cliente está falando, mostre que vocês são parecidos em diversos aspectos. Atente-se ao detalhe de que quem conduz a negociação não é quem fala mais, mas sim quem faz as perguntas.

Exemplo de um roteiro de perguntas, o qual chamo pelo nome de "seja bem-vindo". Poderá ser preenchido por você ou não.

SEJA BEM-VINDO – *IN FORMA*

Nome: _____

Data de nascimento: _____ Sexo: ( ) M ( ) F

Endereço: _____

Bairro: _____ CEP: _____

Cidade: _____ Estado: _____

Telefone: _____ Celular: _____

E-mail: _____

Pesquisa:

Já foi cliente de algum *personal trainer*? ( ) Sim ( ) Não

Como ouviu falar da *In Forma*?

Há quanto tempo não pratica algum tipo de exercício físico regularmente?

( )1 ano ou mais ( ) 6 meses ( ) 4 meses ( ) 3 meses ( ) 1 mês

Qual a frequência semanal disponível para se exercitar?

( ) 2 vezes ( ) 3 vezes ( ) 4 vezes ( ) 5 vezes ( ) 6 vezes

Quais os dias da semana em que tem preferência para se exercitar?

( ) Segunda-feira ( ) Terça-feira ( ) Quarta-feira

( ) Quinta-feira ( ) Sexta-feira

Qual o período disponível para se exercitar?

( ) Manhã ( ) Tarde ( ) Noite

Quais são os seus horários disponíveis para se exercitar?

Quantos minutos você tem disponível para uma sessão de treinamento diário?

Como é a sua alimentação?

Objetivos:
( ) Emagrecer   ( ) Manutenção do peso
( ) Aumentar massa muscular   ( ) Condicionamento físico
( ) Condicionamento esportivo   ( ) Alongamento
( ) Reduzir estresse   ( ) Relacionamento pessoal
( ) Melhorar a saúde   ( ) Outros: _____
Em quantos meses você deseja atingir os seus objetivos?

Interesses pessoais:
( ) Musculação   ( ) Funcional   ( ) Pilates
( ) Ginástica localizada   ( ) Corrida   ( ) Ciclismo
( ) Dança   ( ) Natação   ( ) Outro: _____

O que o impediu de iniciar um treinamento anteriormente?
( ) Falta de dinheiro   ( ) Trabalho   ( ) Transporte
( ) Doenças   ( ) Falta de motivação
( ) Compromissos familiares   ( ) Outro: _____

Existem algumas palavras que devem estar presentes nas frases durante a negociação e apresentação de venda, pois agregam valor extra e estimulam a fechar a contratação:

- Comodidade – todos querem conforto e bem-estar durante a prática de exercícios;
- Garantia – oferece boa qualidade ao serviço;
- Acessibilidade – clientes gostam de ter fácil acesso ao serviço contratado;
- Rapidez – tempo é o item mais valioso para os clientes;
- Exclusividade – indivíduos adoram ser mimados;
- Importância – se é importante, deve ser valioso;
- Personalizado – dá mais valor, pois adquire *status* de único;
- Limitado – escassez é sinônimo de valor, para a maioria das pessoas.

Afinal, vender não é persuadir os clientes a fazerem algo que não querem, mas dar a eles a oportunidade de adquirir soluções para os problemas que os aborrecem, tanto que estão dispostos a gastar tempo, esforço físico e dinheiro a fim de vê-los resolvidos.

3.6 – Como e quanto cobrar

Gostaria de lembrá-lo que nunca use as expressões "o preço é de" ou "vai custar tanto" para o seu cliente, prefira a palavra "investimento", ela soa como crescimento pessoal e não como mais uma despesa.

O valor de uma sessão de *personal training* é um assunto bastante discutido em nosso meio. Preços altos geralmente dão uma ideia de qualidade superior. Associá-lo a um trabalho personalizado pode dar uma sensação de bom serviço e *status*, apesar dessa afirmativa nem sempre ser verdadeira. A longo prazo, o preço alto aliado à boa qualidade do serviço personalizado favorece e reforça a imagem do *personal trainer* bem-sucedido e competente, o que é fator positivo para a comercialização do produto (*personal training*) e da classe profissional.

Mas o profissional de Educação Física que trabalha como *personal trainer* tem um preço. Tem um preço por causa de duas emoções humanas: medo e ambição. A primeira é a mais comum, pois durante o período educacional em nenhum momento foi ensinado como ganhar ou multiplicar o dinheiro, mas sim como gastá-lo, aliado à insegurança, à falta de experiência profissional e de se concentrar em objetivos concretos. Isso faz com que muitos colegas cobrem e recebam uma remuneração abaixo do seu potencial. Por outro lado, aqueles que possuem ambição são os que conseguem se sobressair na profissão, pois têm uma outra visão do negócio, sabem aproveitar as oportunidades, querem se destacar na área, querem ser reconhecidos pelo que fazem e querem alcançar um padrão de vida melhor através do próprio esforço. A diferença entre *personal trainer* medroso e *personal trainer* ambicioso é que o segundo costuma ter certeza incontestável de quem sabe o que quer, como quer e planeja para atingi-lo.

Para criarmos um preço de serviço, devemos levar em consideração alguns fatores como:

- Formação educacional (graduação, especialização, mestrado e doutorado);
- Atualização e reciclagem constante (participação em cursos e palestras);
- Experiência profissional;
- Localização geográfica (bairro, cidade e estado);
- Local onde serão realizadas as sessões de treinamento;
- Frequência semanal de treinamento;
- Duração da sessão de treinamento;
- Valores cobrados por outros *personal trainers* com qualificação semelhante;
- Bom senso.

Outro fator relevante nessa questão são as exigências do Código de Ética do Conselho Federal de Educação Física (2003), que define em seus preceitos os critérios na elaboração dos honorários pelo profissional de Educação Física:

CAPÍTULO IV – Dos Direitos e Benefícios.

Art. 11. As condições para a prestação de serviços do Profissional de Educação Física serão definidas previamente à execução, de preferência por meio de contrato escrito, e sua remuneração será estabelecida em função dos seguintes aspectos:

I. A relevância, o vulto, a complexidade e a dificuldade do serviço a ser prestado.

II. O tempo que será consumido na prestação do serviço.

III. A possibilidade de ficar impedido ou proibido de prestar outros serviços paralelamente.

IV. O fato de se tratar de cliente eventual, temporário ou permanente.

V. Necessidade de locomoção na própria cidade ou para outras cidades, do Estado ou País.

VI. Sua competência, renome profissional, equipamentos e instalações.

VII. Custos tributários de sua atividade e gastos com aluguel, telefone e material de publicidade.

VIII. Maior ou menor oferta de trabalho no mercado onde estiver inserido.

IX. Valores médios praticados pelo mercado em trabalhos semelhantes.

Assim como o *personal trainer*, todo cliente tem um preço, e este valor varia conforme a sua vaidade ou a sua necessidade. A vaidade faz com que o preço a ser cobrado seja proporcional ao desejo, ou seja, são clientes que buscam atrair admiração, querem resultados rápidos e por isso nem sempre ficam muito tempo, já que, com o passar de alguns meses, preferem trocar ou mesmo abandonar o *personal trainer* por acreditar que necessitam de nova motivação; nesse caso o valor tem que ser um pouco mais alto para compensar o curto prazo de sua permanência. Já no segundo caso, o da necessidade, são clientes que optam por um serviço que dure o maior tempo possível, devido à preocupação com a sua saúde, criando assim certa dependência, já que necessitam de uma atenção em muitos casos diferenciada. Preferem os profissionais mais qualificados e acabam criando certas afinidades, levando em muitos casos a tornar-se uma amizade. Nesse caso, o valor cobrado varia conforme a necessidade apresentada.

Em ambos os casos, cobre de acordo com o potencial financeiro de cada cliente, pois não existe um preço tabelado. O negócio tem que ser bom para os dois lados. Aconselho a ter sempre um preço mínimo para cada serviço, conforme a negociação feita com o seu cliente. Lembre-se, quando o nosso trabalho é realizado em local fixo, ou seja, o cliente vem até um local determinado, por exemplo, estúdio de *personal training*, nós perdemos menos tempo e podemos atender a um número maior de clientes durante a nossa jornada de trabalho, nesse caso o preço deve ser o nosso diferencial. Mas quando precisamos ficar nos deslocando, por exemplo, à residência do cliente, nosso atendimento diminui, dessa forma o preço cobrado deverá ser um pouco maior, para compensar o número reduzido de atendimentos.

Outro detalhe interessante são as formas de cobrar o nosso serviço do cliente, que podem ser das seguintes maneiras:

Hora / aula – É a mais comum em nosso meio. No início de cada sessão de treinamento personalizado o cliente paga a quantia combinada. A vantagem é que podemos ter sempre uma quantia x de dinheiro em mãos, desde que tenha alguém nos contratando diariamente, o que nem sempre acontece. Geralmente são indivíduos que buscam algum tipo de motivação extra na prática dos exercícios e não querem nenhum tipo de envolvimento profissional a médio ou a longo prazo.

Semanal – É contratado um número x de sessões de treinamento semanal, na qual o cliente paga a quantia combinada antecipadamente e desfruta dos serviços. Comum para aqueles que estão apenas de passagem por uma cidade e querem dar continuidade em algum programa de exercícios iniciado. Uma rede de contato com outros colegas de profissão é muito importante para que este tipo de serviço funcione.

Mensal – É contratado um número x de sessões de treinamento mensal, na qual o cliente paga a quantia combinada antecipadamente e desfruta dos serviços. É o negócio mais interessante para o *personal trainer,* em termos financeiros.

Por objetivo – É o menos comum em nosso meio. O cliente tem alguns objetivos e faz um contrato por metas a serem atingidas, ou seja, é estipulado um prazo que pode durar algumas semanas ou mesmo alguns meses, nesse caso ele paga a quantia combinada antecipadamente, o que envolve quantias relativamente altas comparadas com as outras formas. Para cada objetivo existe um valor, caso não seja atingido, o cliente permanece mais um período de tempo sem que nada seja pago a mais.

Atente-se que o cliente não paga por características, mas sim por benefícios. Esses benefícios nada mais são que satisfação das necessidades físicas, racionais, emocionais e sociais dele (BROOKS, 2005). Saiba que existem alguns fatores que influenciam na hora de optar pelo serviço, como:

- Qualidade e benefícios do serviço personalizado;
- Garantia e segurança do serviço personalizado;
- Adaptação do serviço personalizado às necessidades do cliente;
- Condições e local da utilização do serviço personalizado;
- Preço;
- Imagem, profissionalismo, visual e atitudes do *personal trainer.*

O item que trata da imagem, profissionalismo, visual e atitudes do *personal trainer* é determinante, pois a forma do profissional se vestir corresponde ao sucesso e insucesso de concretizar e perpetuar muitos negócios, já que os nossos clientes estão acostumados a embalar os prestadores de serviço obedecendo a certo padrão cultural. Por exemplo, o profissional de Educação Física é sempre lembrado pelo uso de agasalho, mas isso não o obriga a usá-lo. Apesar de sabermos que não devemos julgar as pessoas pela aparência, precisamos cuidar da nossa, até porque o que costuma determinar o visual é o público-alvo e suas expectativas. Outro detalhe interessante é que os clientes tendem a formar sua primeira impressão depois de estarem três minutos em contato com um *personal trainer*. Eles observam: a roupa, a elegância, a voz, o sotaque, o aperto de mão, o cheiro, a face, a educação e as suas atitudes.

3.7 – Contratar um *personal trainer* é um ótimo investimento pessoal?

Sem dúvida, pois todas as pesquisas comprovam que a prática regular de exercícios físicos, aliada a uma alimentação adequada, constituem fatores de prevenção e controle de diversas moléstias, além de auxiliar na promoção da saúde.

Hoje em dia, todos os clientes estão buscando segurança e comodidade de um programa de exercícios físicos que visam às necessidades específicas, e que seja principalmente adequado à realidade deles.

Essa realidade muitas vezes é negligenciada por alguns proprietários e coordenadores de academia, que contratam acadêmicos de Educação Física ou instrutores sem qualificação nenhuma para trabalhar em seus estabelecimentos, oferecem horários poucos flexíveis para a prática dos exercícios, não realizam manutenção dos equipamentos adequadamente, não fazem avaliação física para verificar o condicionamento físico atual, colocam um número excessivo de alunos por horário, e os vestiários sempre ficam a desejar. Esses detalhes, junto com a inibição, o constrangimento, a falta de tempo, o problema familiar ou por necessidade de algum tipo de trabalho especial colaboram para o afastamento da grande maioria dos indivíduos que procuram uma academia.

Contratar os serviços de um *personal trainer* deixou de ser para poucos, hoje contratar um não é mais luxo ou *status*, mas uma necessidade, que dependendo dos objetivos definidos de cada pessoa vale a pena ter, devido ao seu comprovado êxito no treinamento personalizado.

As diferenças observadas nesse serviço são muitas, entre as quais podemos citar: número limitado de clientes por *personal trainer*, um único aluno por horário, atendimento para grupos especiais (diabéticos, hipertensos, obesos e outros), avaliação física periódica, reconhecimento do cliente pelo nome e não pelo número de matrícula, o trabalho multidisciplinar com profissionais da área de saúde (médicos, nutricionistas, fisioterapeutas e psicólogas), flexibilidade nos horários e locais da prática dos exercícios, privacidade e exercícios diferenciados, de acordo com estilo de vida, objetivos, desejos e individualidade.

Tudo isso em uma única mensalidade que, apesar de ser mais elevada que de uma academia, clube ou associação, quando comparado o custo benefício, percebe-se que o investimento vale a pena.

Exemplo de Recibo

RECIBO

R$ _____ (_____)

Recebi(emos) do Sr(a) _____

a importância de _____ ,

referente aos serviços de treinamento físico individualizado, prestados no mês de _____ de _____ .

Para maior clareza, firmamos o presente recibo.

_____ , _____ de _____ de _____ .

Seu Nome + CREF: _____

1ª via do cliente
2ª via do professor

Exemplo do termo de matrícula usado em estúdio de *personal trainer*, que deverá ser assinado pelo cliente ou responsável após a contratação do serviço:

TERMO DE MATRÍCULA – *IN FORMA*

Do funcionamento

A *In Forma: centro de atividade corporal* funcionará ininterruptamente 12 meses por ano, de segunda à sexta-feira das 6 às 21 horas e 30 minutos, fechando aos sábados e domingos, feriados oficiais e prolongados. O não comparecimento por parte do cliente não dará o direito a devoluções ou reposições.

Dos direitos e deveres

O cancelamento de qualquer atividade ou sessão de treinamento deverá ser comunicado com pelo menos 24 horas de antecedência. O não comparecimento ou aviso por parte do cliente não dará o direito a reposições ou devoluções. As reposições não são acumulativas.

Os horários das sessões de treinamento deverão ser respeitados, havendo uma tolerância de 15 minutos.

Caso o professor precise se ausentar por algum motivo, o cliente sempre terá a sua disposição outro profissional de Educação Física substituto.

Para menores de 18 anos, os pais ou o responsável legal responderão por seus atos ou omissões.

Investimento

O valor a ser pago pelo cliente é individual e antecipado, e pode variar conforme as necessidades, os objetivos e patologias existentes.

Será oferecido desconto aos clientes que optarem por planos de pagamento: trimestral 4%, semestral 7% e anual 9%.

Reajuste anual de preços

Enquanto a inflação anual for inferior a 15%, os preços serão reajustados no mês de março de cada ano, independentemente do início do plano do cliente.

Das férias e licenças

A *In Forma* oferece a possibilidade de licença por 7 dias para planos trimestrais, 14 dias para planos semestrais (podendo ser dividido em duas etapas) e 30 dias para planos anuais (a licença pode ser dividida em até três vezes). A solicitação da licença deverá ser feita por escrito e entregue ao professor, com antecedência de 48 horas.

Para planos mensais, caso o cliente precise se ausentar por um período longo e queira manter o seu horário atual, as mensalidades correrão normalmente.

Do mau uso dos equipamentos
O cliente que, por má utilização dos equipamentos e aparelhos, bem como de outros bens dentro do espaço interno da *In Forma*, causar danos, ficará imediatamente obrigado a repará-los.

Do exame médico e avaliação física
O exame médico é obrigatório e deverá ser entregue antes do início das atividades físicas, devendo ser atualizado periodicamente após seu vencimento.

É obrigatório que seja feita uma avaliação física inicial, para saber como está a condição física atual do cliente, o que permite a prescrição de exercícios físicos mais adequados a atender os objetivos e necessidades. Aconselhamos a realização dos seguintes exames: teste ergométrico (para maiores de 30 anos), eletrocardiograma (para maiores de 18 anos), sangue (a partir de 10 anos), para complementar a avaliação física. As reavaliações serão trimestrais.

Antecedentes
A *In Forma* se reserva no direito de impedir em qualquer momento o acesso de cliente as suas instalações, caso constate que ele possui antecedentes não condizentes com princípios e normas da boa moral e educação, hipótese em que o cliente não fará jus à restituição pelo período não utilizado.

INFORMATIVO – *IN FORMA*

Sr. ou Sra. _____

1) O horário e a periodicidade das sessões de treinamento estabelecidos entre a(o) cliente e o professor _____ _____ são: segunda-feira, terça-feira, quarta--feira, quinta-feira e sexta-feira, das _____ às _____.

2) O vencimento das respectivas mensalidades ocorrerá no dia ____ (_____) de cada mês. O pagamento é feito antecipadamente e direto com o professor, no valor pactuado de R$ _____ (_____ reais). Haverá uma tolerância de 15 minutos de atraso para qualquer das partes.

3) Na falta do cliente, sem notificação prévia, será considerada sessão de treinamento realizado.

4) Caso o professor precise se ausentar, este deverá repor a sessão de treinamento ou colocar um professor substituto, ou ressarcir o cliente com o valor correspondente à sessão de treinamento perdida.

5) O sistema de reposição de sessão de treinamento poderá ser feito desde que com aviso antecipado da ausência (falta) de no mínimo 4 horas de antecedência. Esta reposição dependerá da disponibilidade do professor. Não haverá possibilidade de desconto em um mês futuro em função das perdas de sessão de treinamento durante o mês vigente ou anterior.

6) Não haverá sessão de treinamento nos feriados, mas as mensalidades correrão normalmente.

7) Caso o cliente precise se ausentar por um longo período e queira manter o horário, deverá efetuar o pagamento da mensalidade.

_____, _____ de _____ de _____

_____   _____
Nome + CREF   Cliente

CAPÍTULO 4

Tipos de comunicação do *personal trainer*

Numa relação interpessoal, *personal trainer* e cliente, podemos utilizar a comunicação verbal e a não verbal; ambas são importantes para que o processo de comunicação se complete.

• **Comunicação verbal:** é aquela em que a mensagem é feita pela palavra e pelo tom de voz. E se divide em: Oral – bate-papos, ordens, pedidos, etc., e Escrita – são mensagens representadas por planilhas, memorandos etc. representa 45% da comunicação do *personal trainer.*

• **Comunicação não verbal:** é aquela em que a mensagem é feita por: mímica, olhar, postura corporal, sorriso, expressões faciais que falam mais que as palavras em determinadas situações. Representa 55% da comunicação do personal trainer.

O uso da comunicação verbal e não verbal é essencial e deve ser eficiente. De nada adianta você ter boas credenciais e habilidades necessárias para um trabalho de *personal training*, se a sua maneira de se comunicar com o cliente não traz os resultados pretendidos. Comunicação não é o que você diz, mas o que o cliente entende. Você já deve ter observado que existem colegas com uma enorme experiência profissional, e que dominam sobre determinado assunto; os famosos "sabem tudo", mas na hora de passar estas informações adiante não conseguem se expressar, causando uma frustração muito grande para quem está ouvindo, fazendo com que este desista do serviço contratado, pois não há entendimento nem compreensão.

4.1 – Equipamentos de comunicação utilizados pelo *personal trainer*

Os clientes precisam encontrar e manter um contato com o *personal trainer*, seja para contratar o seu serviço, para esclarecerem quaisquer dúvidas ou para receberem orientações. Relacionamos alguns equipamentos de comunicação fundamentais a serem utilizados pelo *personal trainer*. Hoje o custo destes equipamentos está relativamente baixo, mas todo empreendimento necessita de algum investimento inicial, por isso, quando for adquirir um desses itens, tenha suas funções claras e racionais, levando em consideração a sua realidade atual de trabalho e suas pretensões futuras, além de procurar mantê-los sempre em boas condições de uso para uma máxima produtividade. Ao mesmo tempo saiba que esses equipamentos tem uma vida útil, o que significa que de tempos em tempos teremos que fazer a sua troca.

• **Telefone fixo normal e celular:** peça básica para o *personal trainer*. É um instrumento de trabalho capaz tanto de concretizar e atrair clientes como de frustrá-lo quando usado inadequadamente. Hoje usamos muito pouco o telefone fixo, o mais comum são os celulares, que trazem uma tecnologia sofisticada, tornando-os verdadeiros aparelhos de multimídias. Vale lembrar que não existe um celular ideal, mas sim, aquele que atenderá às suas necessidades profissionais e pessoais. Então, o ponto de partida é a identificação de sua necessidade e de seu perfil de uso. Por outro lado, desde que o celular invadiu o nosso cotidiano, estamos perdendo a noção de individualidade, de privacidade, de bom senso e de educação. Falar com alguém a qualquer momento, acessar a internet e navegar, tirar fotografias, gravar vídeos, escutar musica, são tantas as possibilidades, mas deve haver limites para essa tal liberdade, principalmente quando estamos atendendo um cliente. Eu sei que falar ao telefone ou celular já é quase uma função secundária, mas mesmo assim segue algumas sugestões para quando for usa-los:

1. Exponha suas ideias em poucas palavras.
2. Fale com clareza e naturalmente. Não há necessidade de gritar.
3. Use expressões como: por favor, muito obrigado, um momento, pois não.
4. Nunca interrompa o cliente, cortando-lhe a frase, espere que ele acabe a fala para depois você falar.
5. Seja cortês, isso faz com que ele vá formando uma boa imagem sua.
6. Use o nome do cliente com frequência.
7. Evite gírias ou expressões de muita intimidade.
8. Tenha sempre caneta e papel por perto.
9. Evite atender as ligações, de ficar tirando fotos o tempo todo ou de navegar no seu aparelho quando estiver atendendo. Use o bom senso.

• **Secretária eletrônica:** como você não pode prever a que horas um cliente irá procurá-lo, hoje a secretaria eletrônica é a sua segunda peça básica. É um instrumento importante, pois, até certo ponto, é o seu substituto, que recebe os recados na sua ausência. A maioria das empresas de telefonia (quem possui celular) oferece o serviço de secretária eletrônica. Algumas dicas para usá-la:

1. Crie uma mensagem breve.
2. Fale com clareza e naturalmente.
3. Use expressões como: por favor, muito obrigado, um momento, após o sinal.
4. Evite gírias ou expressões de muita intimidade.

Peça para o cliente deixar nome, telefone, mensagem, horário que ligou ou qual horário você poderá retornar a ligação.

• **Pager** ou **bip**: Funciona como uma secretária eletrônica, a diferença é que há uma secretária recebendo o recado e lhe informando imediatamente. Atualmente o *pager* ou *bip* está em desuso, pois as mensagens e alguns aplicativos como *WhatsApp* e *Messenger* estão ocupando o lugar deles. A maioria das empresas de telefonia oferecem o serviço de mensagens, e como todos os aparelhos possibilitam acessar à internet, muitos colegas estão baixando e usando aplicativos gratuitos para fazerem essa função.

• **Fax:** Geralmente está interligado (telefone, secretária), não é necessariamente uma peça básica, apenas algo extra que você pode oferecer ao cliente. Você recebe e passa informações por escrito. Dependendo do assunto e da urgência, hoje você digitaliza ou então fotografa o documento e o envia por algum aplicativo do seu celular.

• **Impressora:** É um aparelho muito útil no dia a dia do personal trainer. Com ela é possível imprimir documentos, gráficos e imagens elaborados no computador, tudo como desejado. Sugiro adquirir uma impressora multifuncional, pois, além de imprimir, realiza as funções de scanner, máquina copiadora e, em alguns modelos mais completos, inclui telefone e fax. Todas essas possibilidades acabam por tornar esse equipamento num centro de informação e conteúdo com ótimo custo / benefício.

• **Computador ou desktop:** Alguns podem até não concordar, mas a cada ano esse equipamento, vêm perdendo importância entre os personal trainers por não ser portátil. Embora o seu uso não seja mais um "bicho de sete cabeças", o seu custo, dependendo do modelo, da marca e do que acompanha o equipamento, ainda é um pouco elevado. Juntos, o computador e a impressora podem ajudá-lo de várias maneiras, entre elas: programar sua agenda de trabalho, criar uma planilha para controlar o treinamento semanal, mensal e a carga de trabalho, criar uma planilha de assiduidade, criar uma ficha de anamnese, criar um cadastro com todas as informações dos seus clientes, criar o cartão de visita, os memorandos, o controle de pagamento, escrever matérias e artigos, pesquisar na Internet, criar blog, website, digitalizar ou copiar documentos e imagens, imprimir, etc.

• **Notebook:** É o equipamento portátil mais parecido com um computador de mesa (*desktop*), tanto no *hardware* quanto no *software*. O custo é bastante elevado dependendo do modelo e da marca, mas a facilidade de transporte e sua utilização em qualquer lugar tornam-se um grande diferencial quando comparado com o computador, o que facilita no trabalho de campo. Todos os *notebooks* possuem *wireless*, possibilitando a conexão em redes sem fio. Com *wireless*, os *personal trainers* podem acessar a internet em diversos locais, sem a necessidade de conectar fios, desde que esses locais ofereçam o serviço. Seu peso fica em média de 2,5 kg e a tela pode ter de 14 a 15 polegadas.

• **Netbook:** Vem Este equipamento se assemelha ao tablet por causa do seu tamanho, que não é exagerado, e também tem as características de um notebook, pois tem um teclado completo, o que facilita muito para quem deseja produzir textos. Além disso, o netbook permite o gerenciamento de arquivos da mesma forma como você está acostumado fazer em um computador. Uma das desvantagens é que normalmente o processador destes equipamentos é muito inferior, pois eles tentam reduzir ao máximo seu preço, e isso o torna mais lento que os computadores que você esta acostumado a usar. Seu peso pode variar de 1kg a 1,5kg e a tela pode ter de 10 a 13 polegadas.

• **Tablet:** Com um nível de funcionalidade intermediária entre computadores e smartphones, os tablets vêm ganhando importância em nosso meio devido à praticidade, à facilidade de transporte e por auxiliar no trabalho diário de campo, além de juntar qualidades de ambos. Mas o seu custo ainda é alto e não há muitos aplicativos específicos para o trabalho de personal training. É bom lembrar que um tablet não substitui o computador, pois além de não se conectar fisicamente como mouse e teclado, não possui leitor de CD ou DVD e só se conecta as impressoras por Bluetooth. Além disso, devido ao pouco espaço no HD e às limitações de poder de processamento de dados, não é viável trabalhar com programas pesados. Seu peso pode variar de 350 gramas a 1kg e a tela pode ter de 7 a 10 polegadas.

4.2 – Divulgação

Quanto mais conhecido for o personal trainer, os seus serviços, os seus resultados e os seus locais de atendimento, maiores serão as chances de se vender. Lembrando que os clientes estão cada vez mais informados e exigentes do que nunca. Ao mesmo tempo a disputa pelo cliente esta mais acirrada. Então neste momento é onde entra a divulgação, que tem por objetivo construir uma imagem favorável na mente dos clientes atuais e em potencial, tornando-se este um diferencial.

Então quando falamos em divulgação estamos nos referindo a vários modos de ação inteligente de produzir resultados, que vêm em forma de novos clientes, no fortalecimento da marca pessoal e no fortalecimento da imagem do profissional. Atente-se para fazer uma divulgação dirigida, que nada mais é que uma ação indicada para comunicar-se diretamente com o seu público-alvo. Por isso, que reforço a ideia do personal trainer escolher um nicho para atender com excelência e competência. Basicamente a divulgação tem função de:

1. Fortalecer a imagem do profissional.
2. Fortalecer a marca pessoal.
3. Difundir determinado serviço, no nosso caso o personal training.
4. Despertar a atenção e o interesse do público-alvo.

5. Persuadir o cliente de que a atividade física personalizada é a melhor opção para o caso dele, criando assim uma atitude de preferência por esse serviço.

6. Motivar o cliente a contratar o trabalho do personal trainer.

7. E que ao contratar um personal trainer ele estará fazendo um prazeroso investimento pessoal.

8. Manter e/ou aumentar as vendas de personal training.

9. Informar aonde e como o serviço é vendido.

10. Informar aonde o serviço e realizado.

Nem todas as ideias ou combinações dessas ideias conseguem atrair ou mesmo trazer novos clientes, é preciso conhecer alguns aspectos de psicologia e do comportamento humano para então explorar o que de fato move esses clientes em direção à contratação do serviço de *personal training*.

Já percebeu que as pessoas são expostas diariamente a varias formas de divulgação e todas elas tem como objetivo principal motiva-las a fazer algo. Conforme um estudo realizado para entender o motivo que levam os indivíduos a procurarem e a contratarem o serviço de um *personal trainer*, o item preço não foi o principal fator de motivação, mas sim a comodidade, a exclusividade, o local, segurança, a qualidade e a eficiência do serviço superior aos que as academias tradicionalmente oferecem (DOMINGUES FILHO, 2001-A). Então, quando for fazer uma divulgação, atente a alguns fatores:

- Como o cliente pensa.
- Todos buscam o prazer 24 horas por dia.
- Fale e escreva somente o necessário.
- Seja bem objetivo.
- Todos querem algo que solucione e facilite a vida.
- Todos querem fazer qualquer coisa, mas com o menor esforço possível.
- Todos buscam resultados rápidos.
- Procure definir o perfil do cliente homem e da cliente mulher.

Durante esses anos de atuação como profissional de Educação Física e outros tantos como personal trainer, procurei desenvolver tanto o perfil do cliente homem como o da mulher, e percebi que não importavam a cidade aonde eles morassem, que quando os encontravam pela primeira vez para conversar (entrevista inicial), as respostas eram bem parecidas. Por isso, quando estou conversando com eles, praticamente já sei quais serão as respostas, conforme a minha pergunta sobre: o que considera importante; o que causa stress; o que fazem para aliviar no dia-a-dia; o que desejam melhorar; quais as necessidades e o que impediram de contratar um personal trainer. Então fico atento à entonação e ao grau de prioridade que eles dão as repostas. Pois são através delas que irei direcionar o meu trabalho.

Perfil da cliente mulher

✦ O que considera importante - qualidade de vida, segurança financeira, vida familiar, igualdade em relação aos homens e realização pessoal.

✦ O que causa stress - dupla jornada de trabalho.

✦ O que fazem para aliviar no dia-a-dia – assistir TV, ir ao cinema, ir num show, escutar música, fazer compras, viajar, sexo e praticar atividade física.

✦ O que desejam melhorar - pernas, coxas, glúteos e abdômen.

✦ Quais as necessidades - reduzir ou manter o peso corporal, aparecer mais jovem e ter mais tempo para elas mesmas.

✦ O que a impediram de contratar o serviço de um personal trainer - financeiro, horários, acesso ao profissional e dificuldade em identificar a especialidade do profissional (tipo de publico que ele tem competência para atender).

> **Perfil do cliente homem**
>
> ♦ O que considera importante - vida familiar, segurança financeira e realização pessoal.
>
> ♦ O que causa stress - transito e trabalho.
>
> ♦ O que fazem para aliviar no dia-a-dia - sexo, assistir TV, praticar atividade física, comer, ir ao cinema, ir num show, bebidas e viagem.
>
> ♦ O que desejam melhorar - tórax, braços e abdômen.
>
> ♦ Quais as necessidades - aparecer mais jovem e manter ou ganhar massa muscular.
>
> ♦ O que o impediram de contratar o serviço de um personal trainer – financeiro, horários, insegurança do profissional e dificuldade em identificar a especialidade do profissional (tipo de publico que ele tem competência para atender).

Existem inúmeras formas de divulgação, mas estas são algumas das utilizadas, que foram citadas na pesquisa que realizei pelo *website* com alguns *personal trainers* brasileiros.leve em consideração o custo benefício, pois, como profissional autônomo, nossos recursos financeiros são finitos têm de ser sabiamente administrados.

• **Boca a boca:** é a melhor de todas, pois se forma uma corrente e o *personal trainer* se torna conhecido pelos seus méritos (sucesso do seu trabalho com um cliente) e reforça a sua marca pessoal. Lembre-se de que não existe forma melhor de encantar e fazer seus clientes falarem bem de você do que proporcionando momentos inesquecíveis a eles. Eu considero o único método de promoção de consumidores, feito por consumidores e para consumidores.

• **Cartão de visita:** é é um item muito importante, com dimensões semelhantes a um cartão de crédito, onde estão inseridos informações de contato do *personal trainer*. Geralmente e entregue no inicio ou no final do primeiro encontro de um possível cliente. Ao entregá-lo, a maioria das pessoas o conservará e se lembrará de você, caso precise contratar o serviço de personal training saberá onde encontra-lo. Sempre tenha alguns em mãos, pois podem surgir oportunidades ímpares.

• **Panfletos ou flyers e folders:** é uma maneira de divulgar, por meio de um texto conciso e em estilo veemente, o serviço de *personal training* e os benefícios que os clientes que o contratam obterão. Por possuírem dimensões maiores, possibilitam a inserção de mais informações sobre o profissional, sobre os seus serviços entre outros dados. Contrate uma agência de publicidade e um fotógrafo para criar algo bem profissional e com design moderno para ajuda-lo a promover seu negócio e a destacar o seu serviço em locais onde transitam o seu público-alvo.

• **Classificados em jornais e revistas:** deve procurar aqueles que possuem uma boa circulação e que têm o perfil do seu possível cliente (público-alvo). Geralmente o retorno por meio dessa ação é muito pequeno, mesmo porque a maioria das pessoas prefere contratar profissionais indicados por outras pessoas.

• **Matérias em jornais e revistas:** se você gosta de escrever ou está pesquisando algo que interessa aos outros, procure divulgar seu trabalho, pois novidades ou ideias que, por estarem associadas ao inusitado, à curiosidade e ao novo, se tornam atraentes para a disseminação, com isso você se diferencia, atrai novos clientes e se valoriza mais.

• **Televisão e rádio:** é outra forma de divulgar, embora os custos sejam altos para a nossa realidade. A saída para conseguir algo nesses meios de comunicação é você fazer amizade com pessoas que estejam ligadas a esses setores e que, de vez em quando, precisem de assessoria sobre algum assunto relacionado à atividade física.

• **Palestras e cursos:** são poucos os profissionais que hoje podem divulgar e disseminar sua história, seu conhecimento, sua técnica e experiência, mas os que o conseguem possuem uma grande valorização no mercado.

• **Internet:** é uma ferramenta de divulgação mais adequada e abrangente para o personal trainer se tornar conhecido por meio de informações e imagens acerca do seu trabalho, cidade ou local de atuação, serviços oferecidos e resultados obtidos por alguns clientes. Praticamente grande parte da população brasileira acessa a internet diariamente, e a utilizam de varias formas, seja para fazer pesquisas, seja para fazer transações financeiras, seja para comunicar com outras pessoas, seja para estudar, seja para se autopromover, enfim existem inúmeras possibilidades de uso. Dessa forma abriu-se leques de opções na comunicação, como veremos a seguir.

• **E-mail:** é uma espécie de correio eletrônico que permite escrever, enviar e receber mensagens usando a internet. Os e-mails pessoais gratuitos mais usados são: @gmail.com e @hotmail. com. Quando for usar o seu e-mail, atente a alguns fatores:

➢ Preocupe-se com a estética, tenha cuidado ao escolher as cores de fundo combinadas com as letras, deixe seu e-mail clean, bonito e chamativo, mas sem muitos enfeites e cores.

➢ Personalize o seu e-mail o tanto quanto possível, se ele for específico para a pessoa, escreva seu nome, coloque uma observação que mostre que o e-mail é pessoal e único.

➢ Utilize um padrão para que as pessoas reconheçam e se identifiquem com os seus e-mails. Procure deixar a sua logomarca sempre no mesmo lugar, utilizar a mesma letra, imagens parecidas.

➢ Seja simples, claro e objetivo. Escolha apenas uma mensagem que você queira passar.

- **E-marketing**: é uma poderosa ferramenta de relacionamento com os clientes e potenciais clientes. Quando bem utilizada, poderá ajudá-lo a conscientizar sua rede de contatos, conseguir mais indicações e fidelizar os atuais clientes. Envie por e-mail um e-marketing de boas-vindas e parabenização pela escolha de iniciar as sessões de treinamento com você, logo após a decisão do cliente de contratá-lo ou em datas especiais, por exemplo. Tenha cuidado com a frequência de envio. Evite mandar mais do que 2 ou 3 e-mails em um mesmo mês. E por fim, Imagens ajudam a comunicar e também deixam o e-mail mais atrativo.

- **Webiste e Blog:** Tecnicamente, os dois são similares, pois são compostos de páginas HTML e são acessados através de um endereço de internet. O que diferencia um website de um blog é a maneira como o conteúdo é gerenciado e a interação com o público alvo. Geralmente o website é focado para uma apresentação corporativa da sua empresa (potencializar negócios), ou seja, é mais formal do que um blog. Sua navegação e mais rígida e atualizada com pouca frequência. Possui uma home page onde se destaca as principais áreas do website. Para desenvolver um website deve contratar uma empresa que lida com isso e procurar um serviço de hospedagem pago. Já o blog, por ser mais informal e focado em um tema específico, sendo usado por quem gosta de compartilhar sugestões e opiniões, com isso e atualizado com grande frequência. Sua navegação e muito simples com os seus posts sendo ordenados por data e classificados por categorias. É possível criar um blog em minutos usando plataformas gratuitas como: http://wordpress.com ou http://www.blogspot.com Um conselho, não deixe de te-los, afinal você não quer que seu cliente acesse as informações do seu concorrente. Também não há problema algum ter um Website e um Blog. Para isso, deverá desenvolver um título e um endereço eletrônico que facilite o público-alvo a identificar do que se trata e que tenha uma identificação com você ou com sua marca, e para que o seu público-alvo te encontre nas páginas de pesquisa do Google, por exemplo. Assim, é fundamental que o título e o endereço tenham o seu nome ou como você é reconhecido (sua marca), e que tenha as palavras: "personal trainer", "personal training", "treinamento personalizado", "treinamento individualizado", "treinamento vip" ou "treinamento exclusivo" que são as formas principais de como as pessoas mais procurarão por você e por um personal trainer nos sites de busca.

• ***Redes sociais:*** é uma forma de compartilhar informações instantâneas dos mais diversos tipos, através da escrita, da fala, de fotografias, de vídeos e de links com um grande número de usuários. Esses usuários podem estar conectados a uma ou varias redes sociais ao mesmo tempo por motivos e necessidades diversos. Como tem abrangência mundial, possui horário de comunicação ininterrupta (24 horas no ar), e ainda pode ser acessada de qualquer local que tenha internet é a qualquer hora. Por esse motivo e pelo constante crescimento de usuários, que podem ser seu público-alvo ou não, as redes sociais se tornaram um ótimo meio de divulgação e de vendas para o personal trainer, devido o baixo custo em relação a outros tipos de mídia. As redes sociais e aplicativos mais utilizados são: facebook, twitter, instagran, Google+, linkedin, youtube, skype e whatsapp.

• **Camisetas, toalhas, garrafinhas de hidratação, canetas, chaveiros, calendários, imã de geladeira, mochilas, adesivos, bonés e viseiras (Merchandising):** é é uma propaganda móvel ou não, portanto, é um investimento que vale a pena ser feito. Não existe ninguém nesse mundo que não goste de ganhar um presente. Não se esqueça de que a divulgação é um importante meio de atrair e de fidelizar clientes, mas seus resultados finais às vezes demoram, pois, conforme um estudo realizado (DOMINGUES FILHO, 2001-B), muitos destes professores de Educação Física que atuam ou que pretendem atuar como personal trainer possuem certa dificuldade em conseguir novos clientes, principalmente porque a maioria trabalha dentro de academias, em função de pouca ou nenhuma propaganda externa ou porque não sabem com qual cliente realmente desejam trabalhar (não sabem e não entendem o perfil do cliente e nem onde eles estão) e possuem limitação técnica (não sabem exatamente o que fazer com as necessidades e objetivos de determinados clientes). Sendo assim, é sempre bom avaliarmos os resultados da divulgação que está sendo feita, para medir a forma e a maneira correta de usá-la ainda melhor. E uma forma de medir seria por meio do retorno ou da procura de clientes causada por essa divulgação. Lembre-se, a maior propaganda do seu trabalho é você mesmo, e a melhor forma de divulgação são os seus clientes.

4.3 – Local de trabalho e material de treinamento do *personal trainer*

Quanto ao local de trabalho e de atendimento do *personal trainer*, pode ser ao ar livre, como praça, parque, bosque, beira de praia, lagoa ou rio, ruas, condomínios, etc. Como também pode ser na residência do cliente ou ainda numa academia, clube ou associação, clínica e estúdio de *personal training*. Na prática, o que eu quero dizer é que não existe um lugar específico, o que vale é a criatividade, você pode mesclar os lugares e as atividades. Dessa forma obtém estímulos extras para não desanimar o cliente a conseguir os seus objetivos.

Quanto ao material utilizado, varia muito, porque cada

cliente é um cliente, assim como o lugar onde será feita a sessão de treinamento. O importante é saber usar adequadamente os materiais e equipamentos que tem em mãos. A seguir, uma sugestão da relação de locais e materiais.

• **Residência:** os básicos seriam: colchonete, pares de halteres, pares de caneleiras, bastão, barras e anilhas, corda e monitor de frequência cardíaca. Opcionais: bicicleta ergométrica, esteira computadorizada, elíptico, aparelho de eletroestimulação muscular, *step* (plataforma com altura regulável), bola, *rubber band*, extensores de borracha, pista de *slide* e fita de suspensão. Equipamento improvisado: sofá, cadeiras, cama, degrau da escada, saco de 1 kg de açúcar ou sal, cabo de vassoura, piscina ou banheira e toalha.

• **Academia, clube ou associação:** aparelhos de musculação com pesos guiados ou de pesos livres, bicicleta ergométrica, esteira computadorizada, elíptico, remo, *step*, piscina, quadras de tênis, futebol, basquete, vôlei, *squash*, sala de ginástica, cama elástica, pista de *slide* e parede de alpinismo. Não esqueça de levar o monitor de frequência cardíaca.

• **Clínica e hospital:** aparelhos de musculação, bicicleta ergométrica, esteira computadorizada, elíptico, plataforma vibratória, aparelho de eletroestimulação muscular, colchonete, pares de halteres, pares de caneleiras, bastão, bola, extensores de borracha e monitor de frequência cardíaca.

• **Centro de atividade física personalizada ou estúdio de *personal training*:** aparelhos de musculação, halteres, barras, anilhas, bicicleta ergométrica, esteira computadorizada, plataforma vibratória, aparelho de eletroestimulação muscular, corda, step, cama elástica, bola de fitball, balance disc, faixa para treinamento de suspensão, pares de caneleiras, bastão, extensores de borracha, piscina e monitor de frequência cardíaca.

• **Escritório:** os básicos seriam: colchonete, pares de halteres, pares de caneleiras, bastão, corda e monitor de frequência cardíaca. Opcionais: bola, extensores de borracha e *rubber band*. Equipamento improvisado: cadeira, degrau da escada e toalha.

• **Ao ar livre:** monitor de frequência cardíaca, garrafinha com água, bicicleta, e utilizar a criatividade nos equipamentos que irão surgir no local e que poderão ser usados improvisadamente.

CAPÍTULO 5

Avaliação clínica e exames médico e complementar

Quando um cliente assume o compromisso de participar de um programa de atividade física personalizado, seja para beneficiar a saúde, para obter resultados em competições ou pós-reabilitação, é preciso ficar atento a vários fatores que podem influenciar diretamente o sucesso do programa.

Antes de começar qualquer atividade física é aconselhável que o cliente faça um exame clínico ou médico, como preferir, e também os exames complementares, a serem solicitados de acordo com a avaliação clínica.

As informações obtidas por intermédio do exame clínico e avaliação da aptidão física fornecerão indicações da frequência semanal, intensidade e duração das atividades físicas mais adequadas ao cliente.

Vamos falar um pouco de avaliação clínica e dos exames clínico e complementar.

- **Avaliação clínica:** segundo HOLANDA FERREIRA (1989), ato ou efeito de avaliar, valor determinado.

Geralmente é usada a anamnese clínica, uma forma de questionário que serve para obter muitas informações e auxiliar a identificar previamente o cliente, segundo suas condições de saúde, fornecendo uma estimativa do risco para desenvolver uma determinada patologia. Exemplo: anamnese clínica do cliente ou paciente e sobre atividade física.

- **Exame clínico**: inspeção, observação minuciosa do cliente pelo médico.

77

Feito no consultório do médico quando ele observa com mais detalhes algo descrito, o sinal de alguma patologia na avaliação clínica. Ex.: exames feitos em várias partes do corpo.

• **Exame complementar**: como o nome diz, é complemento, acabamento da observação.

Feito em consultório ou laboratório, dependendo do exame. Serve para confirmar ou controlar com mais precisão o perfil patológico do cliente.

Exemplos:

a) Exame dentário: semestralmente ou anualmente uma visita ao dentista para tratamento ou para evitar futuros problemas nos dentes que poderão vir a afetar a saúde.

b) Exame otorrinolaringológico: há clientes que apresentam focos nas amígdalas, carne esponjosa obstruindo o nariz ou desvio no septo. No primeiro caso há necessidade de extirpação e no segundo é preciso uma cauterização, conforme for diagnosticado.

c) Exame radiológico: serve para assegurar ao médico a integridade do coração, pulmões e vísceras do cliente, além do controle pela comparação dos exames posteriores com o inicial.

d) Exame eletrocardiológico: objetiva detectar anomalias graves e diferenciar as verdadeiras alterações cardíacas (patológicas) das modificações sofridas em virtude da prática desportiva.

e) Exame oftalmológico: tem por finalidade verificar se o cliente tem a visão normal. Em caso de anomalias, o uso de óculos, lentes de contato ou operação, conforme for indicado.

f) Exame de sangue: constitui-se num exame importantíssimo, pois verificam a quantidade de hemácias ou glóbulos vermelhos, leucócitos ou glóbulos brancos, taxa de colesterol, glicose, etc. Deve ser repetido semestralmente.

g) Exame de urina: verificam os elementos anormais, microscopia da sedimentação, densidade e reação.

h) Exame de fezes: verificação da existência ou não de parasitas intestinais, ainda que na sua forma ovular.

CAPÍTULO 6
Avaliação da aptidão física (A.A.F.)

O conceito para aptidão física segundo a Organização Mundial da Saúde (OMS), citado por BOUCHARD *et al.* (1990), é "a capacidade de desempenhar satisfatoriamente trabalhos musculares", que seria a resistência cardiorrespiratória e muscular, força, flexibilidade e a composição corporal.

Sendo assim, a avaliação da aptidão física serve para classificar o cliente conforme o seu condicionamento físico atual e deve levar em conta os custos, os riscos, o tempo e a praticidade dos testes.

A avaliação da aptidão física tem como objetivo aprimorar as formas e segurança das atividades físicas e comparar a evolução e o progresso do cliente. De nada adianta executarmos teste para medir isso ou aquilo se não vai ser usado para nada. Procure fazer testes compatíveis com os objetivos propostos pelo cliente e cientificamente válidos para garantir a reprodutividade dos resultados.

Outro detalhe importante são as normas e condutas citadas por NOVAES, VIANNA (1998), em que o *personal trainer* deverá solicitar ao cliente uma avaliação física antes de iniciar o programa de treinamento personalizado e, dependendo do resultado dessa avaliação inicial, este poderá solicitar outros exames e testes para poder direcionar ainda melhor a prescrição e o planejamento dos exercícios físicos e, durante a continuidade é importante a realização de reavaliações, e o profissional poderá cobrar uma taxa por conta dessa avaliação.

Vamos mostrar alguns métodos usados para avaliação da aptidão física utilizados pela maioria dos *personal trainers*.

6.1 – Medidas antropométricas

Para MARINS e GIANNICHI (1996), a antropometria é a ciência que estuda as medidas de tamanho, peso e proporções do corpo humano. Ela apresenta informações valiosas sobre o crescimento, o desenvolvimento e o envelhecimento do cliente, além de mostrar a aptidão física atual, facilita no controle das diversas variáveis que estão relacionadas com o planejamento de uma prescrição de treinamento personalizado e são fáceis de serem obtidas.

• **Peso corporal:** ou massa corporal, o objetivo é determinar o peso corporal do cliente. Ele deve estar com a menor quantidade possível de roupa (sunga para os homens e maiô para as mulheres), posicionado em pé e de costas para a escala da balança, bem no centro da plataforma, com o olhar fixo num ponto à sua frente. É feita uma única leitura na borda interna da escala utilizando o quilograma (kg) como unidade de medida. Usa-se uma balança com precisão de 100 gramas.

Balança digital da marca Toledo   *Balança analógica da marca Filizola*

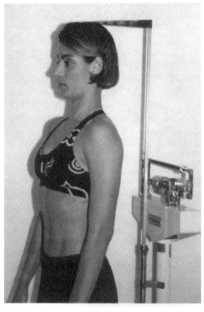

- **Altura:** o objetivo é determinar a estatura do cliente em posição ortostática (do ponto vértex à região plantar). Posicionado em pé, de costas e com os pés unidos e descalços, com a cabeça paralela ao solo, procurando colocá-la em contato com o instrumento de medida, o cursor em ângulo de 90° em relação à escala. É feita uma leitura utilizando metros (m) ou centímetros (cm) como unidade de medida. Usa-se o estadiômetro ou um altímetro.

- **Circunferências:** o objetivo é determinar o perímetro, que é o contorno que delimita determinada área ou região quando medido em ângulo reto em relação ao seu eixo maior. Usa-se uma fita métrica metálica com precisão de 0,1 cm. Uma dica é o uso de um espelho de fundo que auxilia na avaliação. Segue uma descrição dos pontos anatômicos para as medidas de circunferências.

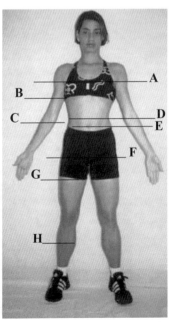

Trena metálica antropométrica da marca Sanny

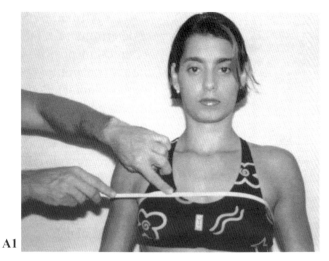

Tórax feminino – medida num plano horizontal, passando por baixo das linhas axilares.

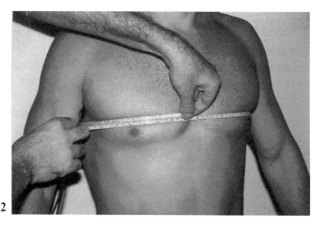

Tórax masculino – mede-se num plano horizontal, passando por cima da cicatriz mamilar.

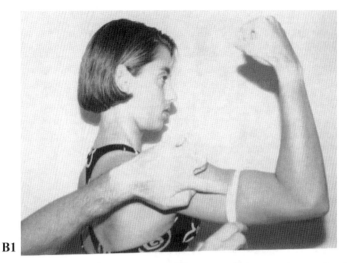

Bíceps ou braço contraído – medida na altura da circunferência máxima da porção mediana do braço.

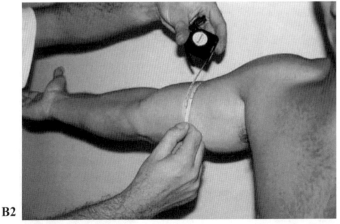

Bíceps ou braço normal – medida na porção mediana do braço.

C1

Antebraço – medida no ponto de maior massa muscular.

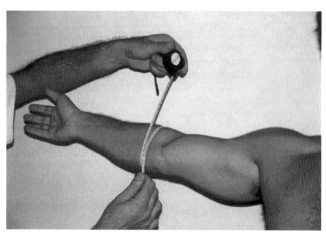

C2

D Cintura – medida num plano horizontal na altura da menor circunferência geralmente a 2,5 cm acima do umbigo.

E Abdômen – medida no nível do umbigo.

F   Quadril – medido no nível da maior circunferência ao redor das nádegas. O cliente permanece em pé.

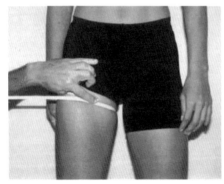

G   Coxa – medida abaixo da prega glútea ou na altura da circunferência máxima da coxa.

H   Panturrilha – medida na altura da circunferência máxima da perna.

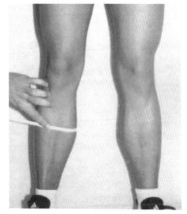

6.2 – Relação cintura/quadril (RCQ)

O mundo atual favorece e facilita a vida do ser humano, tanto que é verdade que hoje em dia temos quase tudo nas mãos de forma automatizada, não necessitando realizar muitos esforços e nem movimentos para nos alimentarmos, para nos deslocarmos, para nos comunicarmos, entre outras ações humanas necessárias do cotidiano. Por outro lado, essas facilidades estão resultando em sedentarismo, em má alimentação, em poucas horas de descanso noturno, em consumo excessivo de medicamentos sem orientação médica, além de associações a vícios como o álcool e o fumo.

Como consequências, percebemos o aparecimento de depósitos de gorduras pelo corpo, em especial nas costas, no abdome e no quadril, que podem representar sérios riscos à saúde.

Pesquisas (AVERY, 1991; LEAN; HAN, 1995; McARDLE, KATCH, KATCH, 1998; NATIONAL HEART, LUNG AND BLOOD INSTITUTE, 1998) alertam para as dimensões de circunferência abdominal, cujo acúmulo e má distribuição de gordura nessa região podem ser deletérios à saúde. A maior preocupação é com a gordura visceral, que fica na área subcutânea do abdome, e que pode comprometer o bom funcionamento dos órgãos como: fígado, pâncreas, rins e intestino. Alguns estudos (AVERY, 1991; KAPLAN, 1989; NATIONAL RESEARCH COUNCIL, 1989) demonstraram que essa gordura contribui para o aumento na taxa de triglicérides e de LDL, criando um desequilíbrio lipídico, o que pode elevar a pressão arterial e desenvolver diabetes, além de contribuir para o risco de infarto do miocárdio e de um acidente vascular cerebral (AVC). Além disso, nas mulheres há o risco de desenvolver câncer nas mamas, no útero e no cólon. (McARDLE, KATCH, KATCH, 1998).

A relação cintura/quadril (RCQ) é uma forma bastante comum de perceber a distribuição da gordura dos segmentos superiores em relação aos segmentos inferiores e foi desenvolvida para prognosticar o risco de doença crônica. Para isso é necessário que utilize a medida da cintura (cm) dividida pela medida do quadril (cm) e depois observar na tabela se está dentro dos padrões aceitáveis para a idade de 20 a 69 anos e para o sexo.

$$RCQ = \frac{Cintura\ (cm)}{Quadril\ (cm)}$$

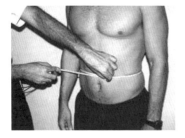 

Circunferência da cintura   *Circunferência do quadril*

Os valores < 0,85 cm para mulheres e < 0,95 cm para os homens da relação cintura/quadril sugerem riscos menores para doença arterial coronariana, hipertensão e diabetes. (AVERY, 1991). Porém, a relação cintura/quadril não deve ser usada para predizer com exatidão as mudanças que ocorrem na gordura visceral após um tratamento de perda de peso. (VAN DER KOOY et al, 1993). Alguns trabalhos (LEAN, HAN 1995; NATIONAL HEART, LUNG AND BLOOD INSTITUTE 1998) sugerem que apenas a medida da cintura já seria suficiente para predizer sobre a presença de depósito de gordura visceral quando comparada à RCQ, pois ao apresentar um valor > 88 cm para mulheres e > 102 cm para os homens por si só já seria um sinal de risco. O tratamento, de forma geral, para indivíduos que apresentam um valor de RCQ ou de circunferência da cintura acima dos valores mencionados como aceitáveis, resume-se na prática regular de exercícios físicos, numa dieta alimentar adequada às necessidades diárias do sujeito e, em alguns casos, na utilização de medicamentos com supervisão médica.

Tabela de relação do índice cintura / quadril: (cm)							
Idade	Risco estimado						
	Baixo		Moderado		Alto		Muito alto	
	Masc.	Fem.	Masc.	Fem.	Masc.	Fem.	Masc.	Fem.
20-29	<0,83	< 0,71	0,83-0,88	0,71-0,77	0,89-0,94	0,78-0,82	> 0,94	> 0,82
30-39	<0,84	< 0,72	0,84-0,91	0,72-0,78	0,92-0,96	0,79-0,84	> 0,96	> 0,84
40-49	<0,88	< 0,73	0,88-0,95	0,73-0,79	0,96-1,00	0,80-0,87	> 1,00	> 0,87
50-59	<0,90	< 0,74	0,90-0,96	0,74-0,81	0,97-1,02	0,82-0,88	> 1,02	> 0,88
60-69	<0,91	< 0,76	0,91-0,98	0,76-0,90	0,99-1,03	0,84-0,90	> 1,03	> 0,90

(Adaptado de HEYWARD; STOLARCZYK, 2000)

Alguns colegas ainda adotam a somatotipagem, que apresenta o inconveniente de não quantificar realmente as várias dimensões do corpo, pois descreve quase exclusivamente o formato corporal de três categorias em particular. Só que não existe um cliente com classificação única, mas uma mistura entre os três componentes de sua divisão.

6.3 – Somatotipo

Estuda os tipos humanos, ou seja, o objetivo é classificar o cliente de acordo com o tipo do corpo por meio da visualização para que possamos, junto com outras informações, fazer um planejamento e assim criar um programa de treinamento, que realmente atenda às necessidades e auxilie na transformação, tornando o corpo do cliente mais proporcional e harmônico. Uma das técnicas consiste em fotografar o cliente de frente, costas e perfil e analisar as fotos, além da determinação de outros índices. Segundo SHELDON (1950), a determinação do tipo físico tem origem genética. Os tipos são:

a) **Endomórfico:** gordo e roliço, apresenta a cabeça larga e arredondada, pescoço curto e grosso e largo, braços curtos, abdômen largo, cintura ampla, nádegas pesadas e pernas grossas e pesadas. Seriam os obesos.

b) **Mesomórfico:** musculoso e forte, apresenta músculos maciços e bem desenhados, ossos proeminentes, pescoço forte, volume de tórax dominado sobre o abdômen, ombros largos, musculatura abdominal firme e bem desenvolvida. Neste caso estariam os atletas.

c) **Ectomórfico:** magro, apresenta estruturas corporais delicada, frágeis, com segmentos finos, crânio relativamente largo, queixo pontiagudo, nariz e pescoço finos, tórax aplainado e longo, escápula alada, ombros arredondados, braços longos e finos. Neste caso, os magros.

Para SETTANNI (1997), é muito importante o *personal trainer* distinguir as regiões do corpo mais desenvolvidas das menos desenvolvidas. Para isso ele associou a forma corporal a três letras do alfabeto para se ter uma ideia da aparência física externa do cliente.

- *Cliente com o corpo em forma da letra A* – caracteriza-se por uma grande massa corporal na região das pernas. Muito típico entre as mulheres.

- *Cliente com o corpo em forma das letras I ou O* – caracteriza-se por ser proporcional tanto na parte superior como inferior.

- *Cliente com o corpo em forma da letra T* – caracteriza-se por uma grande massa corporal na região do tronco. Muito típico entre os homens.

O programa de treinamento, junto com uma dieta balanceada, deve procurar reduzir e /ou normalizar o percentual de gordura e favorecer o desenvolvimento de massa muscular nas regiões onde há necessidade ou mesmo deficiência (letras

A e T), e fazer um trabalho de manutenção ou de prevenção onde não há (letras I e O).

6.4 – Composição corporal

Permite quantificar os componentes estruturais do nosso corpo, que são os músculos, ossos, vísceras e gordura (COSTA, 2001; MARINS, GIANNICHI 1996; MATHEWS, 1986).

Quando avaliamos a composição corporal, em nosso caso, de forma duplamente indireta, estamos fracionando os componentes adiposos e magros do cliente. O que mais interessa é o percentual ou o peso da gordura corporal, pois é ela a grande vilã no aumento do risco de problemas de saúde.

Para TRITSCHLER (2003) e FERNANDES FILHO (1999), existe um grande número de técnicas de determinação da composição corporal e todas elas apresentam vantagens e desvantagens, e também não eliminam uma margem de erro que lhes é peculiar. Por isso, deteremo-nos a falar sobre a técnica de espessura do tecido subcutâneo, que é mais aplicável no trabalho do *personal trainer*, devido ao seu baixo custo e à simplicidade na sua utilização, sobre a impedância bioelétrica, que, apesar de apresentar um custo um pouco mais elevado, tem a vantagem de ser um dos métodos de mais rápida execução, e do índice de massa corporal, muito usado pelos profissionais de saúde, mas que deixa a desejar, devido a sua interpretação errônea em muitos casos.

A lógica para a medida das pregas cutâneas baseia-se no fato de que uma grande parte do conteúdo corporal total da gordura fica localizada nos depósitos adiposos existentes debaixo da nossa pele e ela está diretamente relacionada com a gordura total. Desta maneira, pode ser um bom subsídio para a predição da quantidade de gordura corporal (McARDLE et al, 1998). É importante também ressaltar que todas as técnicas criadas para se medir a composição corporal são elaboradas por meio do princípio estabelecido por SIRI (1961), BEHNKE (1961) e KEYS, BROZEK (1953), no qual os ossos possuem densidade de 3,0 g/ml, músculos 1,34 g/ml, água 1,0 g/ml e a gordura 0,9 g/ml. Normalmente utilizamos de três a sete locais de medida de dobras cutâneas, que são o suficiente.

Quanto à escolha de uma equação, vale ressaltar que é bom verificar com base em qual população ela foi criada, pois a maioria vem de outros países e pode causar algum equívoco nos resultados.

Separamos os protocolos de JACKSON, POLLOCK (1978) para homens com idade de 18 a 61 anos e JACKSON, POLLOCK, WARD (1980), para mulheres com idade de 18 a 55 anos, que propuseram equações de predição de densidade e gordura corporal utilizando o somatório de dobras cutâneas, idade e sexo.

Homens: $R = 0,912$
Densidade $= 1,1093800 - 0,0008267(X1) + 0,0000016(X1)^2 - 0,0002574(X3)$
Mulheres: $R = 0,842$
Densidade $= 1,0994921 - 0,0009929(X2) + 0,0000023(X2)^2 - 0,0001392(X3)$

Em que:
X1 = dobras cutâneas torácica (to), abdominal (ab) e da coxa (cx)
X2 = dobras cutâneas tricipital (tr), suprailíaca (si) e da coxa (cx)
X3 = idade em anos

Para facilitar o problema (essas fórmulas são trabalhosas de calcular), JACKSON, POLLOCK (1980) elaboraram duas tabelas citadas por POLLOCK, WILMORE (1993), uma para os homens e outra para as mulheres, que nos fornecem diretamente, a partir do somatório das três dobras, sexo e idade o valor do percentual de gordura.

Tabela 1
Estimativas do percentual de gordura corporal para homens, a partir dos fatores idade e soma das dobras cutâneas torácica, abdominal e da coxa

Soma das Pregas Cutâneas (mm)	Idade até o Último Ano de Estudo								
	Menos de 22	de 23 a 27	de 28 a 32	de 33 a 37	de 38 a 42	de 43 a 47	de 48 a 52	de 53 a 57	Mais de 57
8-10	1,3	1,8	2,3	2,9	3,4	3,9	4,5	5,0	5,5
1-13	2,2	2,8	3,3	3,9	4,4	4,9	5,5	6,0	6,5
14-16	3,2	3,8	4,3	4,8	5,4	5,9	6,4	7,0	7,5
17-19	4,2	4,7	5,3	5,8	6,3	6,9	7,4	8,0	8,5
20-22	5,1	5,7	6,2	6,8	7,3	7,9	8,4	8,9	9,5
23-25	6,1	6,6	7,2	7,7	8,3	8,8	9,4	9,9	10,5
26-28	7,0	7,6	8,1	8,7	9,2	9,8	10,3	10,9	11,4
29-31	8,0	8,5	9,1	9,6	10,2	10,7	11,3	11,8	12,4
32-34	8,9	9,4	10,0	10,5	11,1	11,6	12,2	12,8	13,3
35-37	9,8	10,4	10,9	11,5	12,0	12,6	13,1	13,7	14,3
38-40	10,7	11,3	11,8	12,4	12,9	13,5	14,1	14,6	15,2
41-43	11,6	12,2	12,7	13,3	13,8	14,4	15,0	15,5	16,1
44-46	12,5	13,1	13,6	14,2	14,7	15,3	15,9	16,4	17,0
47-49	13,4	13,9	14,5	15,1	15,6	16,2	16,8	17,3	17,9
50-52	14,3	14,8	15,4	15,9	16,5	17,1	17,6	18,2	18,8
53-55	15,1	15,7	16,2	16,8	17,4	17,9	18,5	19,1	19,7
56-58	16,0	16,5	17,1	17,7	18,2	18,8	19,4	20,0	20,5
59-61	16,9	17,4	17,9	18,5	19,1	19,7	20,2	20,8	21,4
62-64	17,6	18,2	18,8	19,4	19,9	20,5	21,1	21,7	22,2
65-67	18,5	19,0	19,6	20,2	20,8	21,3	21,9	22,5	23,1
68-70	19,3	19,9	20,4	21,0	21,6	22,2	22,7	23,3	23,9
71-73	20,1	20,7	21,2	21,8	22,4	23,0	23,6	24,1	24,7
74-76	20,9	21,5	22,0	22,6	23,2	23,8	24,4	25,0	25,5
77-79	21,7	22,2	22,8	23,4	24,0	24,6	25,2	25,8	26,3
80-82	22,4	23,0	23,6	24,2	24,8	25,4	25,9	26,5	27,1
83-85	23,2	23,8	24,4	25,0	25,5	26,1	26,7	27,3	27,9
86-88	24,0	24,5	25,1	25,7	26,3	26,9	27,5	28,1	28,7
89-91	24,7	25,3	25,9	26,5	27,1	27,6	28,2	28,8	29,4
92-94	25,4	26,0	26,6	27,2	27,8	28,4	29,0	29,6	30,2
95-97	26,1	26,7	27,3	27,9	28,5	29,1	29,7	30,3	30,9
98-100	26,9	27,4	28,0	28,6	29,2	29,8	30,4	31,0	31,6
101-103	27,5	28,1	28,7	29,3	29,9	30,5	31,1	31,7	32,3
104-106	28,2	28,8	29,4	30,0	30,6	31,2	31,8	32,4	33,0
107-109	28,9	29,5	30,1	30,7	31,3	31,9	32,5	33,1	33,7
110-112	29,6	30,2	30,8	31,4	32,0	32,6	33,2	33,8	34,4
113-115	30,2	30,8	31,4	32,0	32,6	33,2	33,8	34,5	35,1
116-118	30,9	31,5	32,1	32,7	33,3	33,9	34,5	35,1	35,7
119-121	31,5	32,1	32,7	33,3	33,9	34,5	35,1	35,7	36,4
122-124	32,1	32,7	33,3	33,9	34,5	35,1	35,8	36,4	37,0
125-127	32,7	33,3	33,9	34,5	35,1	35,8	36,4	37,0	37,6

(In: Pollock e Wilmore, 1993)

Tabela 2
Estimativas do percentual de gordura corporal para mulheres, a partir dos fatores idade e soma das dobras cutâneas tricipital, suprailíaca e da coxa

Soma das Pregas Cutâneas (mm)	Idade até o Último Ano de Estudo								
	Menos de 22	de 23 a 27	de 28 a 32	de 33 a 37	de 38 a 42	de 43 a 47	de 48 a 52	de 53 a 57	Mais de 58
23-25	9,7	9,9	10,2	10,4	10,7	10,9	11,2	11,4	11,7
26-28	11,0	11,2	11,5	11,7	12,0	12,3	12,5	12,7	13,0
29-31	12,3	12,5	12,8	13,0	13,3	13,5	13,8	14,0	14,3
32-34	13,6	13,8	14,0	14,3	14,5	14,8	15,0	15,3	15,5
35-37	14,8	15,0	15,0	15,5	15,8	16,0	16,3	16,5	16,8
38-40	16,0	16,3	16,5	16,7	17,0	17,2	17,5	17,7	18,0
41-43	17,2	17,4	17,7	17,9	18,2	18,4	18,7	18,9	19,2
44-46	18,3	18,6	18,8	19,1	19,3	19,6	19,8	20,1	20,3
47-49	19,5	19,7	20,0	20,2	20,5	20,7	21,0	21,2	21,5
50-52	20,6	20,8	21,1	21,3	21,6	21,8	22,1	22,3	22,6
53-55	21,7	21,9	22,1	22,4	22,6	22,9	23,1	23,4	23,6
56-58	22,7	23,0	23,2	23,4	23,7	23,9	24,2	24,4	24,7
59-61	23,7	24,0	24,2	24,5	24,7	25,0	25,2	25,5	25,7
62-64	24,7	25,0	25,2	25,5	25,7	26,0	26,7	26,4	26,7
65-67	25,7	25,9	26,2	26,4	26,7	26,9	27,2	27,4	27,7
68-70	26,6	26,9	27,1	27,4	27,6	27,9	28,1	28,4	28,6
71-73	27,5	37,8	28,0	28,3	28,5	28,8	28,0	29,3	29,5
74-76	28,4	28,7	28,9	29,2	29,4	29,7	29,9	30,2	30,4
77-79	29,3	29,5	29,8	30,0	30,3	30,5	30,8	31,0	31,3
80-82	30,1	30,4	30,6	30,9	31,1	31,4	31,6	31,9	32,1
83-85	30,9	31,2	31,4	31,7	31,9	32,2	32,4	32,7	32,9
86-88	31,7	32,0	32,2	32,5	32,7	32,9	33,2	33,4	33,7
89-91	32,5	32,7	33,0	33,2	33,5	33,7	33,9	34,2	34,4
92-94	33,2	33,4	33,7	33,9	34,2	34,4	34,7	34,9	35,2
95-97	33,9	34,1	34,4	34,6	34,9	35,1	35,4	35,6	35,9
98-100	34,6	34,8	35,1	35,3	35,5	35,8	36,0	36,3	36,5
101-103	35,3	35,4	35,7	35,9	36,2	36,4	36,7	36,9	37,2
104-106	35,8	36,1	36,3	36,6	36,8	37,1	37,3	37,5	37,8
107-109	36,4	36,7	36,9	37,1	37,4	37,6	37,9	38,1	38,4
110-112	37,0	37,2	37,5	37,7	38,0	38,2	38,5	38,7	38,9
113-115	37,5	37,8	38,0	38,2	38,5	38,7	39,0	39,2	39,5
116-118	38,0	38,3	38,5	38,8	39,0	39,3	39,5	39,7	40,0
119-121	38,5	38,7	39,0	39,2	39,5	39,7	40,0	40,2	40,5
122-124	39,0	39,2	39,4	39,7	39,9	40,2	40,4	40,7	40,9
125-127	39,4	39,6	39,9	40,1	40,4	40,6	40,9	41,1	41,4
128-130	39,8	40,0	40,3	40,5	40,8	41,0	41,3	41,5	41,8

(In: Pollock e Wilmore, 1993)

Exemplo: para um homem de 42 anos, cuja soma das três dobras (to + ab + cx) foi 49 mm, o seu percentual de gordura corporal, seguindo a tabela, será de 15,6%; com este valor encontrado podemos observar que, na tabela de classificação de percentual de gordura, este está dentro dos valores normais.

Outras alternativas são as equações apresentadas por GUEDES (1994), com base em amostras brasileiras, que estudou 110 homens e 96 mulheres entre 18 e 30 anos.

Homens densidade $= 1,1714 - 0,0671 \log_{10} (tr + si + ab)$

Mulheres densidade $= 1,1665 - 0,0706 \log_{10} (cx + si + sb)$

O valor que nos interessa é o de percentagem de gordura, então há necessidade de converter os valores de densidade corporal. Podemos usar a fórmula proposta por SIRI (1961), que é a seguinte:

$$\textbf{gordura \%} = (\frac{4,95}{\text{Dens.}} - 4,50) \times 100$$

Considerando que nem sempre temos uma calculadora científica para cálculos logarítmicos, Guedes formulou duas tabelas para conversão imediata dos valores da somatória das três dobras cutâneas envolvidas em valores percentuais (%) de gordura corporal.

Tabela 3
Conversão dos valores de densidade corporal em percentagem do peso corporal como gordura – homens

mm	0,0	0,1	0,2	0,3	0,4	0,5	0,6	0,7	0,8	0,9
20	6,59	6,66	6,72	6,78	6,84	6,90	6,96	7,02	7,08	7,14
21	7,19	7,25	7,31	7,37	7,43	7,48	7,54	7,60	7,65	7,71
22	7,77	7,82	7,88	7,93	7,99	8,04	8,10	8,15	8,21	8,26
23	8,32	8,37	8,42	8,48	8,53	8,58	8,63	8,69	8,74	8,79
24	8,84	8,89	8,94	9,00	9,05	9,10	9,15	9,20	9,25	9,30
25	9,35	9,40	9,45	9,50	9,55	9,59	9,64	9,69	9,74	9,79
26	9,84	9,88	9,93	9,98	10,03	10,07	10,12	10,17	10,21	10,26
27	10,31	10,35	10,40	10,44	10,49	10,53	10,58	10,62	10,67	10,71
28	10,76	10,80	10,85	10,89	10,94	10,98	11,02	11,07	11,11	11,15
29	11,20	11,24	11,28	11,33	11,37	11,41	11,45	11,50	11,54	11,58
30	11,62	11,66	11,71	11,75	11,79	11,83	11,87	11,91	11,95	11,99
31	12,03	12,07	12,11	12,16	12,20	12,24	12,28	12,31	12,35	12,39
32	12,43	12,47	12,51	12,55	12,59	12,63	12,67	12,71	12,74	12,78
33	12,82	12,86	12,90	12,93	12,97	13,01	13,05	13,09	13,12	13,16
34	13,20	13,23	13,27	13,31	13,35	13,38	13,42	13,45	13,49	13,53
35	13,56	13,60	13,64	13,67	13,71	13,74	13,78	13,81	13,85	13,88
36	13,92	13,96	13,99	14,03	14,06	14,09	14,13	14,16	14,20	14,23
37	14,27	14,30	14,34	14,37	14,40	14,44	14,47	14,50	14,54	14,57
38	14,61	14,64	14,67	14,71	14,74	14,77	14,80	14,84	14,87	14,90
39	14,94	14,97	15,00	15,03	15,07	15,10	15,13	15,16	15,19	15,23
40	15,26	15,29	15,32	15,35	15,38	15,42	15,45	15,48	15,51	15,54
41	15,57	15,60	15,63	15,67	15,70	15,73	15,76	15,79	15,82	15,85
42	15,88	15,91	15,94	15,97	16,00	16,03	16,06	16,09	16,12	16,51
43	16,18	16,21	16,24	16,27	16,30	16,33	16,36	16,39	16,42	16,45
44	16,48	16,50	16,53	16,56	16,59	16,62	16,65	16,68	16,71	16,73
45	16,76	16,79	16,82	16,85	16,88	16,90	16,93	16,96	16,99	17,02
46	17,04	17,07	17,10	17,13	17,16	17,18	17,21	17,24	17,27	17,29
47	17,32	17,35	17,38	17,40	17,43	17,46	17,48	17,51	17,54	17,56
48	17,59	17,62	17,65	17,67	17,70	17,73	17,75	17,78	17,80	17,83
49	17,86	17,88	17,91	17,94	17,96	17,99	18,01	18,04	18,07	17,09
50	18,12	18,14	18,17	18,19	18,22	18,25	18,27	18,30	18,32	18,35
51	18,37	18,40	18,42	18,45	18,47	18,50	18,52	18,55	18,57	18,60
52	18,62	18,65	18,67	18,70	18,72	18,75	18,77	18,80	18,82	18,85
53	18,87	18,89	18,92	18,94	18,97	18,99	19,02	19,04	19,06	19,09
54	19,11	19,14	19,16	19,18	19,21	19,23	19,25	19,28	19,30	19,33
55	19,35	19,37	19,40	19,42	19,44	19,47	19,49	19,51	19,54	19,56
56	19,58	19,61	19,63	19,65	19,68	19,70	19,72	19,74	19,77	19,78
57	19,81	19,84	19,86	19,88	19,90	19,93	19,95	19,97	19,99	20,02
58	20,04	20,06	20,08	20,11	20,13	20,15	20,17	20,19	20,22	20,24
59	20,26	20,28	20,31	20,33	20,35	20,37	20,39	20,41	20,44	20,46
60	20,48	20,50	20,52	20,54	20,57	20,59	20,61	20,63	20,65	20,67
61	20,70	20,72	20,74	20,76	20,78	20,80	20,82	20,84	20,87	20,89
62	20,91	20,93	20,95	20,97	20,99	21,01	21,03	21,05	21,07	21,10
63	21,12	21,14	21,16	21,18	21,20	21,22	21,24	21,26	21,28	21,30
64	21,32	21,34	21,36	21,38	21,40	21,42	21,44	21,46	21,48	21,50
65	21,52	21,54	21,56	21,58	21,60	21,62	21,64	21,66	21,68	21,70
66	21,72	21,74	21,76	21,78	21,80	21,82	21,84	21,86	21,88	21,90
67	21,92	21,94	21,96	21,98	22,00	22,02	22,04	22,06	22,08	22,10
68	22,12	22,13	22,15	22,17	22,19	22,21	22,23	22,25	22,27	22,29
69	22,31	22,33	22,35	22,36	22,38	22,40	22,42	22,44	22,46	22,48
70	22,50	22,51	22,53	22,55	22,57	22,59	22,61	22,63	22,65	22,66
71	22,68	22,70	22,72	22,74	22,76	22,77	22,79	22,81	22,83	22,85
72	22,87	22,88	22,90	22,92	22,94	22,96	22,98	22,99	23,01	23,03
73	23,05	23,07	23,08	23,10	23,12	23,14	23,16	23,17	23,19	23,21
74	23,23	23,24	23,26	23,28	23,30	23,32	23,33	23,35	23,37	23,39
75	23,40	23,42	23,44	23,46	23,47	23,49	23,51	23,53	23,54	23,56

[1] Dens = $1,17136 - 0,06706 \, Log_{10} \, (TR + SI + AB)$ (Guedes, 1994)

Tabela 4
Conversão dos valores de densidade corporal em percentagem do peso corporal como gordura – mulheres

mm	0,0	0,1	0,2	0,3	0,4	0,5	0,6	0,7	0,8	0,9
30	16,03	16,07	16,12	16,16	16,21	16,25	16,29	16,34	16,38	16,42
31	16,47	16,51	16,56	16,60	16,64	16,68	16,73	16,77	16,81	16,85
32	16,90	16,94	16,98	17,02	17,06	17,11	17,15	17,19	17,23	17,27
33	17,31	17,35	17,39	17,44	17,48	17,52	17,56	17,60	17,64	17,68
34	17,72	17,76	17,80	17,84	17,88	17,92	17,95	17,99	18,03	18,07
35	18,11	18,15	18,19	18,23	18,26	18,30	18,34	18,38	18,42	18,46
36	18,49	18,53	18,57	18,61	18,64	18,68	18,72	18,76	18,79	18,83
37	18,87	18,90	18,94	18,98	19,01	19,05	19,09	19,12	19,16	19,19
38	19,23	19,27	19,30	19,34	19,37	19,41	19,44	19,48	19,51	19,55
39	19,58	19,62	19,65	19,69	19,72	19,76	19,79	19,83	19,86	19,90
40	19,93	19,97	20,00	20,03	20,07	20,10	20,13	20,17	20,21	20,24
41	20,27	20,30	20,34	20,37	20,40	20,44	20,47	20,50	20,53	20,57
42	20,60	20,63	20,66	20,70	20,73	20,76	20,79	20,83	20,86	20,89
43	20,92	20,95	20,99	21,02	21,05	21,08	21,11	21,14	21,18	21,21
44	21,34	21,27	21,30	21,33	21,36	21,39	21,43	21,46	21,49	21,52
45	21,55	21,58	21,61	21,64	21,67	21,70	21,73	21,76	21,79	21,82
46	21,85	21,88	21,91	21,94	21,97	22,00	22,03	22,06	22,09	22,12
47	22,15	22,18	22,21	22,24	22,27	22,29	22,32	22,35	22,38	22,41
48	22,44	22,47	22,50	22,53	22,55	22,58	22,61	22,64	22,67	22,70
49	22,72	22,75	22,78	22,81	22,84	22,87	22,89	22,92	22,95	22,98
50	23,00	23.03	23,06	23,09	23,11	23,14	23,17	23,20	23,22	23,25
51	23,28	23,31	23,33	23,36	23,39	23,41	23,44	23,47	23,50	23,52
52	23,55	23,58	23,60	23,63	23,66	23,68	23,71	23,73	23,76	23,79
53	23,81	23,84	23,87	23,89	23,92	23,94	23,97	24,00	24,02	24,05
54	24,07	24,10	24,13	24,15	24,18	24,20	24,23	24,25	24,28	24,30
55	24,33	24,35	24,38	24,41	24,43	24,46	24,48	24,51	24,53	24,56
56	24,58	24,61	24,63	24,66	24,68	24,71	24,73	24,75	24,78	24,80
57	24,83	24,85	24,88	24,90	24,93	24,95	24,97	25,00	25,02	25,05
58	25,07	25,10	25,12	25,14	25,17	25,19	25,22	25,24	25,26	25,29
59	25,31	25,33	25,36	25,38	25,41	25,43	25,45	25,48	25,50	25,52
60	25,55	25,57	25,59	25,62	25,64	25,66	25,69	25,71	25,73	25,75
61	25,78	25,80	25,82	25,85	25,87	25,89	25,91	25,94	25,96	25,98
62	26,01	26,03	26,05	26,07	26,10	26,12	26,14	26,16	26,19	26,21
63	26,23	26,25	26,28	26,30	26,32	26,34	26,36	26,39	26,41	26,43
64	26,45	26,47	26,50	26,52	26,54	26,56	26,58	26,61	26,63	26,65
65	26,67	26,69	26,71	26,74	26,76	26,78	26,80	26,82	26,84	26,86
66	26,89	26,91	26,93	26,95	26,97	27,01	27,03	27,06	27,08
67	27,10	27,12	27,14	27,16	27,18	27,20	27,22	27,24	27,26	27,29
68	27,31	27,33	27,35	27,37	27,39	27,41	27,43	27,45	27,47	27,49
69	27,51	27,53	27,55	27,57	27,59	27,61	27,63	27,66	27,68	27,70
70	27,72	27,74	27,76	27,78	27,80	27,82	27,84	27,86	27,88	27,90
71	27,92	27,94	27,96	27,98	28,00	28,02	28,04	28,06	28,08	28,09
72	28,11	28,13	28,15	28,17	28,19	28,21	28,23	28,25	28,27	28,29
73	28,31	28,33	28,35	28,37	28,39	28,41	28,43	28,45	28,46	28,48
74	28,50	28,52	28,54	28,56	28,58	28,60	28,62	28,64	28,66	28,67
75	28,69	28,71	28,73	28,75	28,77	28,79	28,81	28,83	28,84	28,86
76	28,88	28,90	28,92	28,94	28,96	28,97	28,99	29,01	29,03	29,05
77	29,07	29,09	29,10	29,12	29,14	29,16	29,18	29,20	29,21	29,23
78	29,25	29,27	29,29	29,31	29,32	29,34	29,36	29,38	29,40	29,41
79	29,43	29,45	29,47	29,49	29,50	29,52	29,54	29,56	29,58	29,59
80	29,61	29,63	29,65	29,67	29,68	29,70	29,72	29,74	29,75	29,77
81	29,79	29,81	29,82	29,84	29,86	29,88	29,89	29,91	29,93	29,95
82	29,96	29,98	30,00	30,02	30,03	30,05	30,07	30,09	30,10	30,12
83	30,14	30,16	30,17	30,19	30,21	30,22	30,24	30,26	30,27	30,29
84	30,31	30,33	30,34	30,36	30,38	30,39	30,40	30,43	30,44	30,46
85	30,48	30,49	30,51	30,53	30,54	30,56	30,58	30,59	30,61	30,63

[1]Dens = $1,16650 - 0,07063 \log_{10} (CX + SI + SB)$ (Guedes, 1994)

Para utilizá-las, basta executar a soma das três dobras cutâneas:

Homens = tricipital (tr), suprailíaca (si) e abdominal (ab).

Mulheres = coxa (cx), suprailíaca (si) e subescapular (sb).

As duas tabelas possuem valores inteiros e decimais, desta forma enquadrando o valor obtido na soma com a tabela correspondente ao sexo. Na intercessão destes valores encontraremos a percentagem (%) do peso corporal como gordura.

$$
\begin{array}{lll}
& \text{Homem} & = 29 \text{ anos} \\
\text{Exemplo:} & \text{peso corporal} & = 76, 10\text{kg} \\
& \text{espessuras tr} & = 14, 2\text{mm} \\
& \text{das} \quad\quad \text{si} & = 13, 9\text{mm} \\
& \text{dobras} \quad\text{ab} & = 16, 1\text{mm}
\end{array}
$$

Somam-se as espessuras das dobras cutâneas =
=14,2 + 13,9 + 16,1 = 44,2mm.

Então, temos 44 como parte inteira e 0,2 como parte decimal; encontraremos na tabela dos homens 16,53% de gordura corporal. Com este valor encontrado podemos observar que, na tabela de classificação de percentual de gordura, este está quase dentro dos valores normais.

Após estabelecermos o percentual de gordura, por meio das equações, podemos agora determinar facilmente os valores para: peso da gordura, massa corporal magra, peso ideal teórico e perda desejável de gordura, por meio das seguintes equações:

$$\textbf{Peso da gordura} = \frac{\textbf{Peso corporal atual (kg)} \times \textbf{\% gordura}}{\textbf{100}}$$

$$\text{Exemplo: Peso da gordura} = \frac{76, 10\text{kg} \times 16{,}53\%}{100}$$

$$\text{Peso da gordura} = 12{,}57\text{kg}$$

Massa Corporal Magra = Peso atual (kg) – Peso da gordura (kg)

Exemplo: Massa corporal magra = 76, 10kg – 12,57kg
Massa corporal magra = 63,53kg

Considerando como valores de percentagem (%) ideal teórica de gordura corporal 15% para homens e 25% para mulheres, podemos por meio dos resultados obtidos anteriormente calcular o peso ideal teórico e também a perda desejável de gordura. Com relação a atletas, vale ressaltar que existem equações para diversas modalidades desportivas e valores de percentagem (%) ideal teórica de gordura corporal também.

$$\textbf{Homens} = \frac{\text{massa corporal magra}}{0,85}$$

Peso Ideal Teórico

$$\textbf{Mulheres} = \frac{\text{massa corporal magra}}{0,75}$$

$$\text{Exemplo:} \quad \text{peso ideal teórico homem} = \frac{63,53kg}{0,85}$$

$$\text{peso ideal teórico} = 74,74 \text{ kg}$$

**Perda desejável de gordura =
peso corporal atual (kg) – peso ideal teórico (kg)**

Exemplo: Peso desejável de gordura = 76,10kg – 74,74kg
Peso desejável de gordura = 1,36kg

Outra maneira de avaliar o peso corporal total seria por meio de quatro componentes: peso da gordura (kg), peso ósseo (kg), peso muscular (kg) e peso residual (kg), usando esta equação abaixo proposta por MATIEGKA (1922) e adaptada por DE ROSE e GUIMARÃES (1984), em que:

Peso corporal total = Peso da gordura + Peso ósseo + Peso muscular + Peso residual

Mas para isso teremos que achar o valor de cada um desses quatro componentes antes de usá-la. Como exemplo, para facilitar o entendimento do leitor, temos as seguintes informações: cliente do sexo masculino, 39 anos, estatura 176,0cm, peso total de 82,4kg, percentual de gordura 10,14%, diâmetro biestiloide do rádio 0,049m e diâmetro biepicodiliano do fêmur 0,084m.

$$\text{Peso da gordura (kg)} = \frac{\text{Peso corporal atual (kg)} \times \% \text{ gordura}}{100}$$

$$\text{Peso da gordura (kg)} = \frac{82,4 \times 10,14}{100}$$

Peso da gordura = 8,35 kg

Peso ósseo (kg) = 3,02 (H^2 x R x F x 400)^{0,712}
Peso ósseo (kg) = 3,02 (176,0^2 × 0,049 × 0,084 x 400)^{0,712}
Peso ósseo = 9,63 kg

Em que:
H – estatura expressa em m.
R – diâmetro biestiloide do rádio, expresso em m.
F – diâmetro biepicodiliano do fêmur, expresso em m.

Diâmetro ósseo é a menor distância entre duas extremidades ósseas (PETROSKI, 2003), utilizado no fracionamento corporal para estimar a massa magra e/ou massa óssea. Para isso usamos um aparelho de metal chamado de paquímetro, que varia de tamanho e formato.

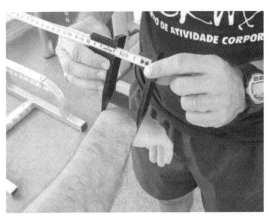

Fotografia do diâmetro biestiloide do rádio

Para medir o diâmetro biestiloide do rádio, o cliente deve estar sentado ou então ficar em pé, com o braço direito estendido à frente (pronado) e a mão flexionada para baixo.

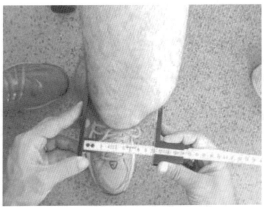

Fotografia do diâmetro biepicodiliano do fêmur

Para medir o diâmetro biepicodiliano do fêmur, o cliente deve estar sentado com o joelho direito flexionado num ângulo de 90 graus.

Peso muscular = Peso corporal total – (peso da gordura + peso ósseo + peso residual)
Peso muscular = 82,4 – (8,35 + 9,63 + 19,86)
Peso muscular = 44,56 kg

$$\textbf{Peso residual masculino (kg)} = \frac{\textbf{Peso atual (kg)} \times \textbf{24,1}}{\textbf{100}}$$

$$\text{Peso residual masculino (kg)} = \frac{82,4 \text{ kg} \times 24,1}{100}$$

Peso residual masculino = 19,85kg

$$\textbf{Peso residual feminino (kg)} = \frac{\textbf{Peso atual (kg)} \times \textbf{20,9}}{\textbf{100}}$$

Peso corporal total = Peso da gordura + Peso ósseo + Peso muscular + Peso residual
Peso corporal total = 8,35 kg + 9,63 kg + 44,56 kg + 19,85 kg
Peso corporal total = 82,40 kg

Podemos então concluir o fracionamento do peso corporal total de 82,40 kg do cliente em quatro componentes e de 8,35 kg de gordura, 9,63 kg de ossos, 44,56 kg de músculos e de 19,85 kg de outros tecidos ou de peso residual.

Os pontos anatômicos mais utilizados, como citado anteriormente, para se medir a espessura de dobras cutâneas são:

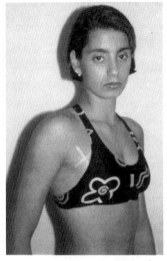 

• **Peitoral (pt):** é uma dobra diagonal a ser medida a meia distância entre a linha axilar anterior e o mamilo (homens), e a um terço da distância da linha anterior numa posição equivalente (mulheres).

• **Bicipital (bi):** é determinada paralelamente ao eixo longitudinal do braço, na sua face anterior, no ponto de maior perimetria aparente do ventre muscular do bíceps.

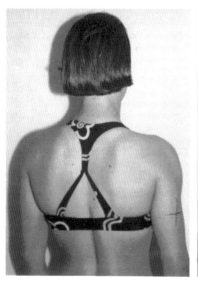
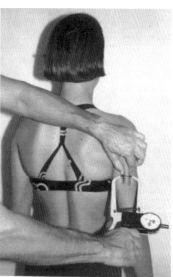

- **Tricipital (tr):** é determinada na face posterior do braço, mas também paralelamente ao eixo longitudinal, sendo o ponto no meio do caminho entre o acrômio e o olecrânio. Um detalhe: o braço deve estar em extensão e relaxado.

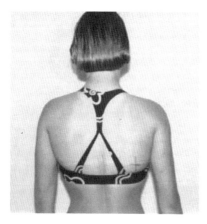

- **Subescapular (sb):** está localizada a dois centímetros abaixo do ângulo inferior da escápula.

 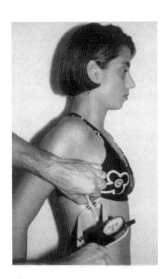

• **Axilar média (am):** está localizada no ponto de articulação entre a 5ª e 6ª costelas e ligeiramente acima da ponta inferior do processo xifoide.

• **Suprailíaca (si):** obtida na metade da distância entre a crista ilíaca e o último arco costal, sobre a linha axilar média. Um detalhe importante é que o cliente afaste levemente o braço direito para trás, para permitir a medida.

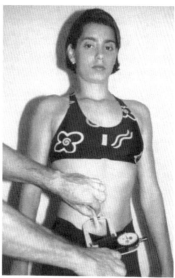

- **Abdominal (ab):** é obtida a dois centímetros à direita da borda lateral da cicatriz umbilical.

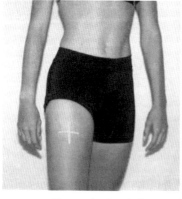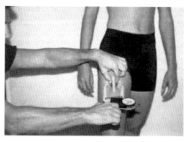

- **Coxa (cx):** é determinada sobre o músculo retofemoral, a dois terços da distância do ligamento inguinal e a borda proximal da rótula.

6.5 – Índice de massa corporal

Como a determinação do peso ideal teórico por meio da medida de espessura das dobras cutâneas é bem aceito, mas é um método de domínio só de avaliadores bem atentos ou treinados, os cientistas vêm buscando constantemente determinar uma relação simples entre a altura e o peso capaz de refletir com certa exatidão a composição corporal do cliente. O mais usado pelos profissionais de saúde e de cálculo fácil é o índice da massa corporal (IMC), que é a relação entre o peso corporal (kg) e o quadrado da altura (m^2), que pode auxiliar na classificação de riscos associados à saúde e ao peso. Mas fique atento a este detalhe, às vezes o excesso de peso pode ser devido a uma grande quantidade de massa muscular e afirmar que o seu cliente é ou não obeso pode constituir-se num grave erro, por isso, use o bom senso.

$$IMC = \frac{peso\ corporal\ (kg)}{estatura\ (m)^2}$$

Tabela de classificação de risco conforme o IMC (kg/m^2) para o sexo masculino e feminino

Classificação	Masculino	Feminino
Baixa	entre 17,9 e 18,9	entre 15,0 e 17,9
Zona ideal	de 19,0 a 24,9	de 18,0 a 24,4
Risco moderado	25,0 a 27,7	24,5 a 27,2
Risco elevado	acima de 27,8	acima de 27,3

(Adaptado de CORBIN, LINDSEY, 1994)

Ou

Tabela do peso por meio do IMC (kg/m²)

Classificação	IMC
Abaixo do peso	< de 17,9
Saudável	de 18 a 24,9
Sobrepeso	de 25,0 a 29,9
Obeso grau I	de 30,0 a 34,9
Obeso grau II	de 35,0 a 39,9
Muito obeso	de 40 ou >

(World Health Organization citado por TRITSCHER, 2003)

O quadro um apresenta o risco para o desenvolvimento de doenças cardiovasculares conforme os valores obtidos através do índice de massa corporal (IMC) e da circunferência da cintura. Para facilitar o entendimento, usaremos um exemplo: uma cliente do sexo feminino, de 23 anos, com estatura de 1,58m, massa corporal de 64kg e circunferência da cintura de 91cm. Qual o IMC e o risco para o desenvolvimento de doenças cardiovasculares desse cliente?

$$IMC = \frac{64kg}{1,58m \times 1,58m}$$

$IMC = 25,63$ (kg/m²)

Significa que está com sobrepeso e com risco aumentado.

Quadro 1 – Risco para doenças cardiovasculares por meio da medida do IMC e da circunferência da cintura

IMC (kg/m²)	≤ 102cm – homens ≤ 88cm – mulheres	> 102cm – homens > 88cm – mulheres
25 – 29,9 Sobrepeso	Moderado	Aumentado
30 – 34,9 Obeso leve (Grau I)	Alto	Alto

IMC (kg/m²)	≤ 102cm – homens ≤ 88cm – mulheres	> 102cm – homens > 88cm – mulheres
35 – 39,9 Obeso moderado (Grau II)	Muito alto	Muito alto
> 40 Obeso mórbido (Grau III)	Extremamente alto	Extremamente alto

Fonte: Abeso 2008 (*on-line*)

Os valores de riscos associados à saúde considerados normais na classificação de adultos pelo índice de massa corporal (IMC) da OMS fica entre <18,0 até 24,9 (kg/m²). Nesse caso, conforme mostrado no exemplo anterior, a cliente do sexo feminino, de 23 anos, com estatura de 1,58 m, massa corporal de 64kg possui um IMC de 25,63 (kg/m²), o que significa que ela apresenta risco para o desenvolvimento de doenças cardiovasculares aumentado, além de estar com sobrepeso. Podemos estimar qual seria a sua massa corporal desejável (MCd), para que ela fique com um IMC entre os valores citados pela OMS de baixo a médio risco.

Exemplo:
IMC = 25,63 (kg/m²) atual para IMC = 24,9 (kg/m²)

Massa Corporal Desejável = Estatura² × IMCd

MCd = 1,58m × 1,58m × 24,9kg/m²
MCd = 2,4964 × 24,9
MCd = 62,160kg.

Isso significa que esta cliente precisa reduzir 1,84 kg da sua massa corporal para ter seus riscos associados à saúde diminuídos.

6.6 – Aparelho usado nessa avaliação (compasso, plicômetro ou espessímetro)

O aparelho utilizado para a avaliação das medidas de espessura das dobras cutâneas é o compasso de dobras cutâneas, também conhecido como plicômetro ou espessímetro.

Existem vários modelos de compasso, sendo que os mais usados são: o inglês *Harpenden,* o americano *Lange* e os nacionais *Cescorf* e *Sanny*. Segundo Costa *et al* (2001), os quatro compassos podem ser utilizados independentemente do protocolo escolhido para a avaliação.

As medidas de espessura das dobras cutâneas devem ser sempre realizadas na parte direita do cliente. Utilizando o dedo indicador e o polegar da mão esquerda para diferenciar o tecido celular subcutâneo do tecido muscular, estando mais ou menos a um centímetro abaixo do ponto de análise preso pelos dedos, você introduz as pontas do compasso, para depois de dois segundos fazer a leitura. É importante observar se as hastes do compasso estão perpendiculares à superfície da pele no local da medida. Devem ser feitas três medidas, mas não precisam ser consecutivas de cada dobra escolhida. Depois faremos uma média das três medidas obtidas em cada local. Caso encontremos uma diferença superior a 5% entre uma medida e as demais realizadas no mesmo ponto, devemos repetir tudo de novo. O importante é utilizar sempre a mesma padronização para que possam ser feitas comparações ao longo do tempo.

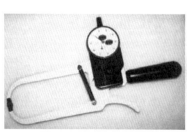

Compasso cescorf   *Compasso sanny*

6.7 – Avaliação da composição corporal por impedância bioelétrica

É um medidor de impedância bioelétrica (bia) utilizado no cálculo das estimativas da composição corporal e de fácil operação, tendo como base a medida da resistência total do corpo à passagem de uma corrente elétrica de 800 microA e 50 kHz.

Os componentes corporais possuem uma resistência diferenciada à passagem da corrente elétrica; os ossos e a gordura, que contêm uma pequena quantidade de água, constituem um meio de baixa conectividade, ou seja, uma alta resistência à corrente elétrica. Já a massa muscular e outros tecidos ricos em água e eletrólitos são bons condutores, permitindo mais facilmente a passagem de corrente elétrica.

Segundo as leis de Ohm, a resistência de uma substância é proporcional à variação da voltagem de uma corrente elétrica a ela aplicada; desta forma, por meio de um sistema tetrapolar em que dois eletrodos são fixados à região dorsal da mão direita e dois à região dorsal do pé direito do avaliado. O aparelho irá verificar os níveis de resistência e reactância do organismo, avaliando assim a quantidade total de água, e com isso fornecerá as estimativas de gordura e massa magra do cliente, além da taxa metabólica basal.

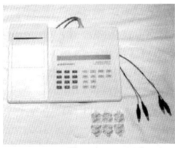
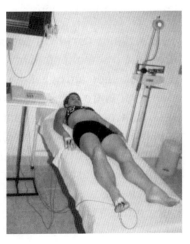

Aparelho e teste de bioimpedância

Embora haja relativa simplicidade e velocidade de execução do método de impedância bioelétrica, necessitam-se alguns cuidados para não aparecerem alterações nos resultados:

1. Não faça o teste após alguma refeição.
2. Não faça o teste após ter ingerido algum tipo de líquido.
3. Não beba café ou álcool, pois são diuréticos e podem afetar o nível de hidratação do corpo.
4. Evite alguma atividade física no dia do teste.
5. Pese-se antes do teste numa balança confiável.
6. Fatores como nefropatias, hepatopatias e diabetes podem influenciar o resultado obtido por este método.
7. Indivíduos portadores de marcapasso e gestantes não devem fazer o teste.
8. Urinar pelo menos 30 minutos antes do teste.
9. Permanecer de 5 a 10 minutos deitado em decúbito dorsal, em total repouso antes da execução do teste.

Algumas observações importantes na hora de transmitir o resultado ao seu cliente:

- **Água corporal total:** é a quantidade de água em litros que o seu cliente tem no corpo. Os níveis normais de hidratação indicam que indivíduos de ambos os sexos devem apresentar entre 69% a 75% de água na massa magra.

Índices de água na massa magra acima de 75% podem indicar retenção hídrica, enquanto índices abaixo de 69% podem indicar desidratação, eventualmente devido às seguintes causas: consumo de álcool, uso de medicação diurética, ingestão de cafeína ou refeição pesada, atividade física intensa e hiper ou hipotermia.

Em relação ao peso corporal total, os indivíduos do sexo masculino geralmente apresentam índices de hidratação entre 50% e 60%, enquanto as mulheres apresentam normalmente entre 45% e 60%.

- **Peso da massa magra:** é a quantidade de músculos, ossos e órgãos (vísceras) do organismo.
- **Taxa metabólica basal:** é a energia mínima necessária para a manutenção da vida. E o seu consumo está associado à estatura, ao peso e à composição corporal. Quanto mais alto, mais pesado e mais massa magra o cliente tiver, mais calorias ele gastará em repouso.
- **Peso e porcentagem da gordura:** refere-se à massa gorda total do cliente. Vale lembrar que um mínimo de gordura corporal é essencial para algumas funções orgânicas, como proteção dos órgãos vitais contra choques mecânicos, isolamento térmico, produção de hormônios e reserva energética.

**Tabela 1 – Percentual de gordura (%G)
desejável conforme idade e sexo**

Idade (anos)	Sexo Masculino	Sexo Feminino
Até 19 anos	6% a 15%	8% a 19%
20 a 29 anos	6% a 16%	8% a 20%
30 a 39 anos	6% a 17%	8% a 21%
40 a 49 anos	9% a 18%	10% a 22%
50 a 59 anos	9% a 19%	10% a 23%
acima de 60 anos	9% a 20%	10% a 24%

(Adaptado do ACSM, 1995)

**Tabela 2 – Valores de percentagem ideal teórica
de gordura corporal conforme o sexo**

Sexo	Magro	Média	Acima da média	Obesa
Feminino	até 12%	12 a 25%	25 a 30%	> que 30%
Masculino	até 7%	7 a 15%	15 a 20%	> que 20%

(Adaptado de HEYWARD, STOLARCZYK, 2000)

Tabela 3 – Classificação para homens e mulheres conforme a idade e percentual de gordura (%).

IDADE (anos)	20 a 29 anos	30 a 39 anos	40 a 49 anos	50 a 59 anos	>60 anos
Homem					
Excelente	<11%	<12%	<14%	<15%	<16%
Bom	11% a 13%	12% a 14%	14% a 16%	15% a 17%	16% a 18%
Dentro da média	14% a 20%	15% a 21%	17% a 23%	18% a 24%	19% a 25%
Acima da média	21% a 23%	22% a 24%	24% a 26%	25% a 27%	26% a 28%
Risco*	>23%	>24%	>26%	>27%	>28%
Mulher					
Excelente	<16%	<17%	<18%	<19%	<20%
Bom	16% a 19%	17% a 20%	18% a 21%	19% a 22%	20% a 23%
Dentro da media	20% a 28%	21% a 29%	22% a 30%	23% a 31%	24% a 32%
Acima da média	29% a 31%	30% a 32%	31% a 33%	32% a 34%	33% a 35%
Risco*	>31%	>32%	>33%	>34%	>35%

* Risco para doenças relacionadas à obesidade.
(TRITSCHER, 2003, modificado por DOMINGUES FILHO,2000).

6.8 – Flexibilidade

Indica o grau de mobilidade das articulações ou "algo que seja fácil de manejar, que se pode dobrar ou curvar" (HOLANDA FERREIRA, 1989). Um exemplo seria o ângulo entre o quanto você pode mover o pé para frente ou para trás. Outro conceito seria de DANTAS (1999), que se refere a flexibilidade como uma "qualidade física responsável pela execução voluntária de um movimento de amplitude angular máxima, por uma articulação ou conjunto de articulações, dentro dos limites morfológicos, sem risco de lesão".

A flexibilidade é considerada de grande valor na prevenção e reabilitação de lesões e contribui para o rendimento nas competições ou nas atividades diárias devido à melhora na eficiência mecânica. Ela depende da mobilidade articular, da elasticidade e da plasticidade muscular. Embora a idade pode colaborar para sua diminuição progressiva, a falta de uso continua sendo a principal razão (ACHOUR JR., 2002).

Existem algumas técnicas para medir a flexibilidade, algumas são específicas por articulação e outras envolvendo movimentos multiarticulares. No nosso caso, para facilitar o trabalho do *personal trainer*, adotaremos apenas dois testes, o de alcance máximo (teste linear) e o flexiteste (teste adimensional).

O primeiro teste utilizado pelos *personal trainer*s é o de alcance máximo citado por Marins e Giannichi (1996), que avalia a flexibilidade da porção posterior das pernas, quadris e coluna lombar. O cliente, partindo da posição sentada e com os joelhos estendidos, executa a flexão do tronco tentando atingir o ponto mais distante à sua frente. Existe um banco graduado em centímetros onde se mede a distância atingida pelo cliente e se compara com a tabela de classificação. Esse teste sofre influência do comprimento dos braços e das pernas do cliente.

EXERCÍCIO: FLEXIBILIDADE – ALCANCE MÁXIMO
PARA FRENTE DO TRONCO (CM)

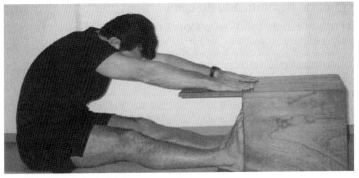

Classificação para homens

Idade	Excelente	Acima da média	Média	Abaixo da média	Ruim
15-19	> ou = 39	34-38	29-33	24-28	< ou = 23
20-29	> ou = 40	34-39	30-33	25-29	< ou = 24
30-39	> ou = 38	33-37	28-32	23-27	< ou = 22
40-49	> ou = 35	29-34	24-28	18-23	< ou = 17
50-59	> ou = 35	28-34	24-27	16-23	< ou = 15
60-69	> ou = 33	25-32	20-24	15-19	< ou = 14

Classificação para mulheres

Idade	Excelente	Acima da média	Média	Abaixo da média	Ruim
15-19	> ou = 43	38-42	34-37	29-33	< ou = 28
20-29	> ou = 41	37-40	33-36	28-32	< ou = 27
30-39	> ou = 41	36-40	32-35	27-31	< ou = 26
40-49	> ou = 38	34-37	30-33	25-29	< ou = 24
50-59	> ou = 39	33-38	30-32	25-29	< ou = 24
60-69	> ou = 35	31-34	27-30	23-26	< ou = 23

(In: Pollock e Wilmore, 1993)

O segundo teste, conhecido como flexiteste (ARAÚJO, 1986), consta de 20 movimentos que, por meio de figuras, graduadas de zero a quatro, o avaliador observa e compara o grau de flexibilidade de cada articulação com as figuras. O somatório de todos os escores obtidos nos 20 movimentos fornece a classificação geral do cliente. Inicia-se o teste sem aquecimento, e se o movimento realizado estiver situado entre duas posições, será sempre considerado a de valor menor.

Veja nas páginas a seguir os movimentos e a ficha de avaliação do flexiteste.

Ficha de Avaliação do Flexiteste

Nome:_____ Sexo:_____

Idade:_____ Massa:_____ Estatura:_____

Data da avaliação:_____/_____/_____ Horário:_____

Índice geral de flexibilidade:_____

Membro inferior

1 – Flexão do tornozelo =_____

2 – Extensão do tornozelo =_____

3 – Flexão do joelho =_____

4 – Extensão do joelho =_____

5 – Flexão do quadril =_____

6 – Extensão do quadril =_____

7 – Adução forçada do quadril =_____

8 – Abdução do quadril =_____

Tronco

9 – Flexão do tronco =_____

10 – Flexão lateral do tronco =_____

11 – Extensão do tronco =_____

Membro Superior

12 – Flexão do punho =_____

13 – Extensão do punho =_____

14 – Flexão do cotovelo =_____

15 – Extensão do cotovelo =_____

16 – Abdução posterior do ombro =_____

17 – Extensão posterior do ombro =_____

18 – Extensão com adução posterior forçada do ombro =_____

19 – Rotação lateral do ombro (cotovelo fletido) =_____

20 – Rotação medial do ombro (cotovelo fletido) =_____

Classificação quando analisado por articulação
Grau 0 = deficiente Grau 1 = fraco Grau 2 = médio Grau 3 = bom Grau 4 = excelente

Classificação geral
Deficiente = < 20 Fraco = 20 a 30 Médio (–) = 31 a 40 Médio (+) = 41 a 50 Bom = 51 a 60 Excelente = > 60

6.9 – Força e resistência muscular

São duas qualidades físicas de grande importância, que as pessoas utilizam nas atividades diárias. Por isso, quando mencionamos força na verdade estamos nos referindo à quantidade absoluta de carga que se pode deslocar com os vários segmentos corporais e a resistência é a capacidade de sustentar uma carga de trabalho prolongadamente.

Assim sendo, é importante que se incluam exercícios de força e resistência muscular nos programas de atividades físicas do cliente, pois um músculo fraco trabalha constantemente na sua força máxima e, em consequência disso, ele entra em fadiga rapidamente, causando desconforto e podendo, ainda, sofrer alguma lesão.

Outro detalhe importante: faça os testes que se encaixem com os objetivos e que sejam úteis à saúde do cliente.

EXERCÍCIO: FLEXIBILIDADE OU FLEXITESTE

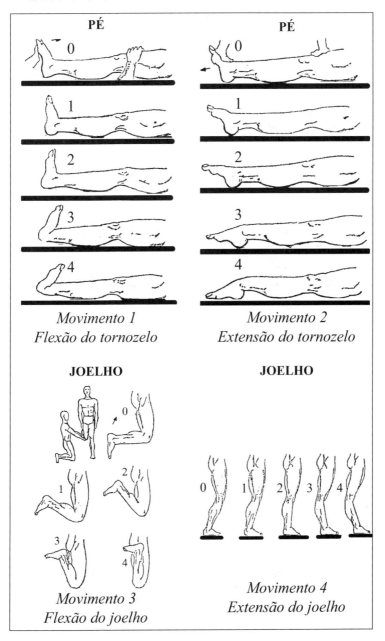

Movimento 1
Flexão do tornozelo

Movimento 2
Extensão do tornozelo

Movimento 3
Flexão do joelho

Movimento 4
Extensão do joelho

EXERCÍCIO: FLEXIBILIDADE OU FLEXITESTE

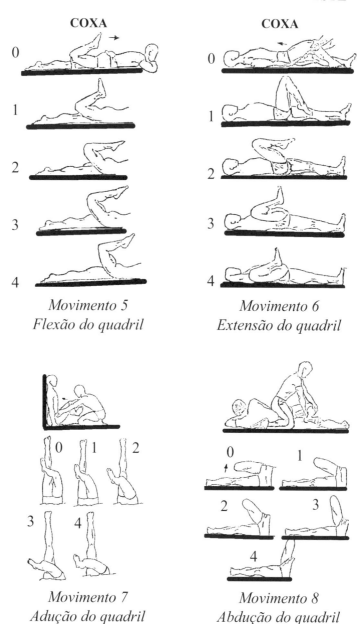

Movimento 5
Flexão do quadril

Movimento 6
Extensão do quadril

Movimento 7
Adução do quadril

Movimento 8
Abdução do quadril

EXERCÍCIO: FLEXIBILIDADE OU FLEXITESTE

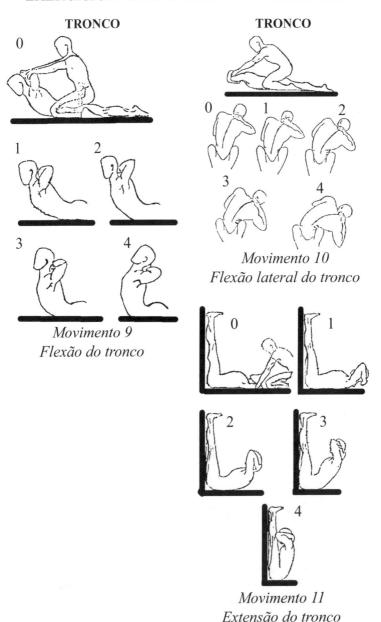

Movimento 9
Flexão do tronco

Movimento 10
Flexão lateral do tronco

Movimento 11
Extensão do tronco

EXERCÍCIO: FLEXIBILIDADE OU FLEXITESTE

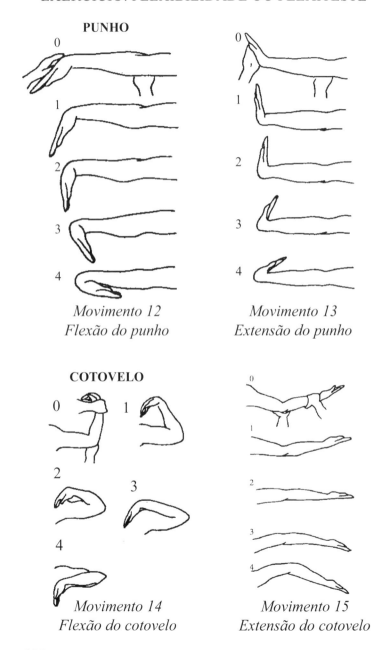

Movimento 12
Flexão do punho

Movimento 13
Extensão do punho

Movimento 14
Flexão do cotovelo

Movimento 15
Extensão do cotovelo

EXERCÍCIO: FLEXIBILIDADE OU FLEXITESTE

OMBRO

Movimento 16
Abdução posterior a partir da abdução de 180° do ombro

Movimento 17
Extensão posterior do ombro

EXERCÍCIO: FLEXIBILIDADE OU FLEXITESTE

OMBRO

Movimento 18
Extensão com adução
posterior forçada do ombro

Movimento 19
Rotação lateral do ombro
com 90° de abdução e
cotovelos fletidos a 90°

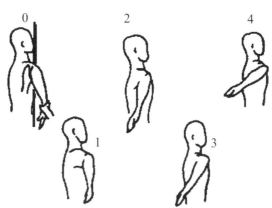

Movimento 20
Rotação medial do ombro com 90° de abdução
e cotovelos fletidos a 90°

Dificilmente teremos acesso ou a nossa disposição equipamentos especializados em testes musculares como plataformas de força ou máquinas de resistência variáveis, sendo assim usaremos alguns equipamentos encontrados na maioria da academias, clubes, parques e estúdio de *personal* como colchonete, barras, anilhas, bolas, entre outros. Dessa forma, todas as avaliações de campo de força e resistência muscular são limitadas a contrações isométricas e dinâmicas.

Existem alguns testes dinâmicos bastante populares que os *personal trainer*s utilizam habitualmente para avaliar a resistência e a força muscular, entre eles:

• **Teste abdominal A:** o objetivo é fazer com que seu cliente realize o maior número possível de flexões abdominais corretas (elevar o tronco até a posição sentada e retornar à posição inicial) em 60 segundos. O procedimento é colocar o cliente em decúbito dorsal, com os joelhos flexionados e os pés apoiados no chão. Os calcanhares devem estar a uma distância de 30 cm dos glúteos. As mãos devem ser cruzadas na altura do peito ou por trás do pescoço sem imprimir força. Os números das repetições são anotados e comparados com os valores padronizados para idade e sexo nas tabelas, a fim de saber a classificação.

• **Teste abdominal B:** esse teste abdominal foi criado por dois médicos, Kraus e Weber, e adaptado por Domingues Filho, serve para testar a força do músculo psoas, do músculo ilíaco e dos músculos abdominais (M. reto do abdome, M. oblíquo externo, M. oblíquo interno e M. transverso do abdome). Este movimento, segundo os autores, é muito importante também para testar se o indivíduo é portador de lordose acentuada ou não. Partindo da posição inicial, decúbito dorsal, mãos paralelas ao corpo, coluna fixada ao solo e com os membros inferiores unidos e completamente estendidos. Ao comando, elevar os membros inferiores uns 10 a 20 cm do solo e mantê-los elevados por 16 segundos ou mais. A contração muscular é totalmente isométrica, em que o cliente procura "encolher" ao máximo o abdome. A classificação será igual ao número de segundos que o indivíduo conseguir ficar na posição, ou seja, de zero a igual ou maior que 16 segundos.

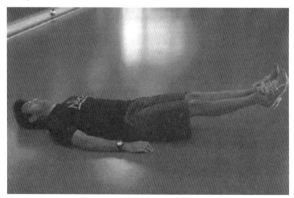

Posição final adotada durante o teste

Tabela 2 – Classificação dos M. abdominais, M. psoas e M. ilíaco em contração isométrica de acordo com o número de segundos que consegue manter os MMII elevado do solo

Tempo em segundos	Classificação
Não consegue elevar os MMII do solo	Ruim
< 05 segundos	Abaixo da média
06 a 10 segundos	Média
11 a 15 segundos	Acima da media
> 16 segundos	Excelente

(In: Domingues Filho, 2000)

EXERCÍCIO: ABDOMINAIS

Classificação para homens

Idade	Excelente	Acima da média	Média	Abaixo da média	Ruim
15-19	> ou = 48	42 a 47	38 a 41	33 a 37	< ou = 32
20-29	> ou = 43	37 a 42	33 a 36	29 a 32	< ou = 28
30-39	> ou = 36	31 a 35	27 a 30	22 a 26	< ou = 21
40-49	> ou = 31	26 a 30	22 a 25	17 a 21	< ou = 16
50-59	> ou = 26	22 a 25	18 a 21	13 a 17	< ou = 12
60-69	> ou = 23	17 a 22	12 a 16	7 a 11	< ou = 6

Classificação para mulheres

Idade	Excelente	Acima da média	Média	Abaixo da média	Ruim
15-19	> ou = 42	36 a 41	32 a 35	27 a 31	< ou = 26
20-29	> ou = 36	31 a 35	25 a 30	21 a 24	< ou = 20
30-39	> ou = 29	24 a 28	20 a 23	15 a 19	< ou = 14
40-49	> ou = 25	20 a 24	15 a 19	7 a 14	< ou = 6
50-59	> ou = 19	12 a 18	5 a 11	3 a 4	< ou = 2
60-69	> ou = 16	12 a 15	4 a 11	2 a 3	< ou = 1

(In: Pollock e Wilmore, 1993)

• **Teste da flexão e extensão de braços ou apoio:** o objetivo é fazer com que seu cliente realize o maior número possível de execuções por meio da flexão e extensão dos braços, até atingir a fadiga ou 60 segundos. O procedimento é colocar o cliente na posição de apoio de frente ao solo com os braços afastados e estendidos na abertura dos ombros, manter o corpo reto quando flexionar (descer) até tocar o tórax no chão ou um taco de madeira e estender (subir) voltando à posição inicial. No caso das mulheres utilizamos uma posição modificada, em que o joelho faz o suporte do corpo. Os números das repetições são anotados e comparados com os valores padronizados para idade e sexo nas tabelas, a fim de saber a classificação.

EXERCÍCIO: FLEXÃO DOS BRAÇOS OU "APOIO"

Flexão feminina – modificada

EXERCÍCIO: FLEXÃO DOS BRAÇOS OU "APOIO"

Flexão masculina – normal

Classificação para homens

Idade	Excelente	Acima da média	Média	Abaixo da média	Ruim
15-19	> ou = 39	29 a 38	23 a 28	18 a 22	< ou = 17
20-29	> ou = 36	29 a 35	22 a 28	17 a 21	< ou = 16
30-39	> ou = 30	22 a 29	17 a 21	12 a 16	< ou = 11
40-49	> ou = 22	17 a 21	13 a 16	10 a 12	< ou = 9
50-59	> ou = 21	13 a 20	10 a 12	7 a 9	< ou = 6
60-69	> ou = 18	11 a 17	8 a 10	5 a 7	< ou = 4

Classificação para mulheres

Idade	Excelente	Acima da média	Média	Abaixo da média	Ruim
15-19	> ou = 33	25 a 32	18 a 24	12 a 17	< ou = 11
20-29	> ou = 30	21 a 29	15 a 20	10 a 14	< ou = 9
30-39	> ou = 27	20 a 26	13 a 19	8 a 12	< ou = 7
40-49	> ou = 24	15 a 23	11 a 14	5 a 10	< ou = 4
50-59	> ou = 21	11 a 20	7 a 10	2 a 6	< ou = 1
60-69	> ou = 17	12 a 16	5 a 11	2 a 4	< ou = 1

(In: Pollock e Wilmore, 1993)

- **Teste de suspensão na barra (estático):** o objetivo é fazer com que o cliente permaneça em suspensão com os braços flexionados e com o queixo no mesmo nível da barra, pelo maior tempo possível, sem descansar. O teste termina quando o avaliado não consegue mais manter essa posição. O resultado é anotado em segundos e décimos de segundos.

- **Teste de flexão e extensão de braços na barra (dinâmico):** o objetivo é fazer com que o cliente eleve o corpo, por meio da flexão e extensão dos braços, até que o queixo ultrapasse a barra e retorne a posição em total suspensão estendida o maior número possível de repetições, sem descansar, até atingir a fadiga. O resultado é anotado em repetições executadas corretamente.

• **1 R.M. ou uma repetição máxima:** o grupo muscular básico a ser testado é selecionado, e a seguir submete-se o cliente a uma repetição ou a uma série de tentativas até alcançar a capacidade máxima utilizando pesos livres (halteres, barras e anilhas) ou uma máquina de forma guiada (aparelhos com polias, guias e placas de peso), sempre com intervalos entre as tentativas. Atente-se que ao utilizar pesos livres será necessário ao cliente acionar toda a musculatura para estabilizar durante a realização do movimento já com as máquinas, o movimento padrão é dado pelo próprio equipamento, sendo necessário apenas uma postura adequada.

Os exercícios mais usados para o teste são: o supino, o desenvolvimento frontal, a puxada pela frente, a remada sentada, a rosca direta, o agachamento, o *leg press*, a extensão do joelho e a flexão do joelho, para mensurar a força dos membros superiores e inferiores.

Um detalhe importante é que não existem normas fixadas para compararmos com os resultados obtidos. A dica é você estabelecer normas para motivar o seu cliente, determinar a carga e observar o cliente durante todo o movimento, padronizar os movimentos. Você raramente acertará a carga máxima na primeira tentativa. O homem costuma ser mais forte que a mulher, então, como sugestão, comece usando para a primeira tentativa em torno de 70% a 80% do peso corporal para homens e 50% a 60% do peso corporal para as mulheres.

A avaliação de força é específica para os grupos musculares que estão sendo testados, mas todos os principais grupos musculares podem ser avaliados utilizando-se de um protocolo de 1RM, sendo os exercícios mais usados para o teste: o supino, a puxada frontal, a rosca direta, o *leg press*, a extensão do joelho e a flexão do joelho, para mensurar a força dos membros superiores e inferiores.

Para interpretar os resultados obtidos em quilogramas (kg), usamos o cálculo da força relativa, em que dividimos o valor encontrado no teste de 1RM pelo peso corporal do avaliado.

$$\textbf{Força relativa} = \frac{\text{Valor máximo alcançado no teste de 1RM (kg)}}{\text{Peso corporal atual (kg)}}$$

Exemplo: um cliente do sexo masculino, de 38 anos, com estatura de 1,78m, massa corporal de 88kg, fez o teste de 1RM e obteve os seguintes resultados: 90kg para supino e 140kg para o *leg press*. Qual é a sua força relativa para esses dois exercícios?

Força relativa para o supino = 90kg / 88kg
Força relativa para o supino = 1,02

Força relativa para o *leg press* = 140kg / 88kg
Força relativa para o *leg press* = 1,59

Ordene e estabeleça suas próprias tabelas individuais de força relativa para servir de parâmetro ao seu planejamento e prescrição, como também para comparar a evolução do cliente, com intuito de motivá-lo. Atente-se que esse teste não deverá ser aplicado em cliente inexperiente ou pré-púbere e que há risco de lesão e aumento da pressão arterial.

Para prescrição de exercícios, muitos *personal trainers* utilizam um determinado número de repetições conforme o percentual 1RM do exercício testado. A tabela a seguir poderá auxiliá-lo quanto ao número de repetições, mas use o bom senso, pois na prática às vezes a teoria deixa a desejar devido a outras variáveis que não são ou não foram controladas. Mas, de uma forma geral, essa tabela tem-se demonstrado adequada, sendo necessário às vezes realizar pequenos ajustes conforme o cliente.

Fotos do exercício: extensão de joelho

Tabela 1 - Número de repetições conforme o percentual de 1RM (% 1RM)

Numero de repetições	% de 1RM
1	100
2	95
4	90
6	85
8	80
10	75
11	70
15	65

(Adaptado de BAECHLE, EARLE, 2000)

Outra maneira seria estimar o valor de 1RM com um bom grau de precisão a partir de repetições máximas de um peso submáximo (BRYZYCKI, 1993). Ela baseia-se em duas a dez repetições até a fadiga de um peso submáximo. Esse protocolo poderá testar vários grupos musculares usando tanto pesos livres (halteres, barras e anilhas) como uma máquina de forma guiada (aparelhos com polias, guias e placas de peso). O avaliado precisa empurrar ou puxar determinada carga pelo menos duas vezes, mas não mais do que dez vezes antes da fadiga. Caso isso ocorra, repetirá com um peso maior após um período de descanso. Para calcular o valor de 1RM predito, usamos a seguinte equação:

$$\textbf{1 RM predito} = \frac{\text{Carga levantada (kg)}}{[1,0278 - 0,0278 \ (\text{N}^\circ \text{ de repetições})]}$$

Exemplo: um cliente do sexo masculino, de 38 anos, com estatura de 1,78m, massa corporal de 88kg, fez o teste de 1RM predito, e na sua segunda tentativa obteve o resultado de 60kg para supino num total de oito repetições. Qual seria o seu 1 RM predito para o supino?

$$\text{1 RM predito} = \frac{60\text{kg}}{[1,0278 - 0,0278 \ (8)]}$$

$$\text{1 RM predito} = \frac{60 \text{ kg}}{[1,0278 - 0,2224]}$$

$$\text{1 RM predito} = \frac{60\text{kg}}{0,8054}$$

$$\text{1 RM predito} = 74,497\text{kg}$$

Nesse caso arredondamos o valor para 74kg. Teoricamente essa seria a carga em que o cliente poderia chegar, ou seja, o valor máximo (100%) para o exercício supino. Para prescrever o exercício, basta aplicar o % em cima desse valor e usar a tabela de número de repetições conforme o percentual de 1RM. O *personal trainer* deve atentar-se que durante este período de treinamento o organismo do cliente sofrerá adaptações, tornando-se necessária a realização de novos testes e cálculos, conforme a progressão observada.

- **Teste de impulsão horizontal sem corrida:** o objetivo é fazer com que o cliente salte o mais longe possível para frente com o auxílio dos braços, que são simultaneamente também lançados para frente. A distância é medida da linha de partida até a linha dos calcanhares e registrada em centímetros. O resultado final do teste será o melhor salto obtido em duas tentativas, estimando a potência de membros inferiores.

Teste de impulsão horizontal

6.10 – Capacidade cardiorrespiratória

Uma boa aptidão cardiorrespiratória é fundamental para o cliente tanto na saúde como no desempenho. Para que possamos entender melhor a avaliação da capacidade cardiorrespiratória, é necessário conhecermos as unidades metabólicas. Usualmente são utilizados três parâmetros fisiológicos: $VO_{2\,MÁX.}$, o MET e kcal.

$VO_{2\,MÁX.}$ – ou consumo máximo de oxigênio é a quantidade de oxigênio que um indivíduo consegue captar do ar alveolar, transportar aos tecidos pelo sistema cardiovascular e utilizar a nível celular na unidade de tempo (DENADAI, 1999; LEITE, 1986). Pode ser expresso de duas formas: litros por minuto (l.min^{-1}) como valor absoluto e mililitros por quilograma de peso por minuto (ml. kg.$^{-1}$min^{-1}), como valor relativo. Para estabelecer uma relação entre eles, é necessário saber o peso corporal atual do cliente e utilizar as equações abaixo.

Valor absoluto

$$l.min^{-1} = \frac{peso\ corporal\ (kg) \times ml\ .\ kg^{-1}\ .\ min^{-1}}{1.000}$$

Valor relativo

$$ml.kg.^{-1}min^{-1} = \frac{1.000 \times l\ .\ min^{-1}}{peso\ corporal\ (kg)}$$

Segundo McARDLE *et al.* (1998), os homens apresentam os valores de VO$_{2\,MÁX.}$ de 15% a 30% maior que as mulheres. Essa diferença é causada devido ao fato de que eles possuem maior massa muscular, menos gordura e maior concentração de hemoglobina em seu sangue. Quanto maior o consumo de oxigênio de um sujeito, maior a quantidade e intensidade de trabalho aeróbio que poderá realizar. Após a idade de 25 anos, o VO$_{2\,MÁX.}$ declina cerca de 1% por ano. Manter-se ativo retarda, mas não evita esse declínio.

MET – ou metabólico, representa o consumo de oxigênio em repouso, ou seja, expressa o gasto metabólico do organismo (LEITE, 1986). Um MET equivale a 3,5 ml.kg.$^{-1}$min^{-1}. Para calcular, basta dividir o consumo máximo de oxigênio relativo por 3,5.

$$\textbf{Cálculo de MET} = \frac{VO_{2\,MÁX.}}{3,5}$$

Tabela 1 - Valores do MET conforme idade, sexo e aptidão cardiorrespiratória

Idade	Homem Baixa	Homem Média	Homem Alta	Mulher Baixa	Mulher Média	Mulher Alta
20 a 39 anos	< 10,1 MET	10,2 a 13,3 MET	13,4 MET >	< 7,1 MET	7,1 a 11,0 MET	11,1 MET >
40 a 49 anos	< 9,1 MET	9,2 a 12,4 MET	12,5 MET >	< 6,6 MET	6,7 a 9,6 MET	9,7 MET >
50 a 59 anos	< 8,4 MET	8,5 a 11,6 MET	11,7 MET >	< 6,0 MET	6,1 a 8,8 MET	8,9 MET >
60 ou >	< 7,0 MET	7,1 a 10,4 MET	10,5 MET >	< 5,4 MET	5,5 a 7,9 MET	8,0 MET >

(LEITE, 1997)

Kcal – ou calorias representa a quantidade de energia gasta em uma determinada atividade física (LEITE, 1986). Possui relação íntima com o consumo máximo de oxigênio absoluto, em que a cada 5 kcal = 1 l . min^{-1} consumido.

A ACSM.(2000) recomenda um dispêndio calórico por sessão de treinamento realizado numa frequência de 3 a 4 vezes por semana, seja de 200 a 400 kcal. O interessante é que o gasto semanal se aproxime de 2.000 kcal e, para que isso aconteça, tanto a saúde como a aptidão física do cliente tem que permitir. A seguir será apresentada uma equação utilizada para estimar o dispêndio calórico do exercício por minuto, assim como outros cálculos que irão auxiliar o *personal trainer* na programação da prescrição do treinamento físico.

Para facilitar o entendimento do leitor, usaremos como exemplo uma cliente do sexo feminino, de 38 anos, com peso corporal de 65 kg, MET de 11,2 (39,2 ml.kg^{-1}min^{-1} ou 2,548 l.min^{-1}), percentual de gordura de 21%.

- **Cálculo do dispêndio calórico do exercício por minuto (kcal / min).**

$$\text{kcal / min} = \frac{\text{MET} \times 1,25 \times \text{Peso corporal atual (kg)}}{60}$$

$$kcal / min = \frac{11,2 \times 1,25 \times 65 \text{ kg}}{60}$$

kcal / min = 15,16 kcal

- **Encontrar quantos quilos (kg) de gordura o cliente deve perder.**

$$\text{Peso da gordura} = \frac{\textbf{Peso corporal atual (kg)} \times \% \textbf{ gordura}}{\textbf{100}}$$

$$\text{Exemplo: Peso da gordura} = \frac{65 \text{ kg} \times 21\%}{100}$$

Peso da gordura = 13,65 kg

- **Descobrir quanto representa em calorias (kcal) esse valor (regra de 3).**

1kg de gordura = 9.000 kcal.
x kg de gordura = ? kcal
13,65 kg de gordura × 9.000 = 122.850 kcal

- **Fazer o cálculo de quantos minutos são necessários para o gasto de calorias numa sessão de treinamento (regra de 3).**

1 min = x kcal
X min = 400 kcal

$$\text{Minutos necessários} = \frac{400 \text{ kcal}}{15,16 \text{ kcal /min}}$$

Serão necessários 26 minutos e 38 segundos.

- **Fazer o cálculo do número total de sessões de treinamento.**

$$\text{Número total de sessões de treinamento} = \frac{\text{Número total de kcal}}{\text{Número de sessões semanais de treino}}$$

$$\text{Número total de sessões de treinamento} = \frac{122.850 \text{ kcal}}{3 \text{ sessões semanais}}$$

Número total de sessões de treinamento = 41 sessões

- **Fazer o cálculo de quantos meses de treinamento são necessários.**

$$\text{Número total de meses} = \frac{\text{kcal gasta por sessão de treinamento}}{\text{Número total de sessões de treinamento}}$$

$$\text{Número total de meses} = \frac{400 \text{ kcal por sessão de treinamento}}{41 \text{ sessões}}$$

Número total de meses = 10 meses

O *personal trainer* deve ficar atento, pois durante este período de treinamento o organismo do cliente sofrerá muitas transformações e adaptações, fazendo com que o gasto calórico do exercício seja cada vez maior, tornando-se necessária a realização de novos cálculos a cada quatro semanas, conforme a progressão observada. Para isso, é necessário achar o valor do $VO_{2 \text{ MÁX.}}$ por meio de testes realizados em laboratório ou em campo. A seguir, alguns testes para medir a resistência anaeróbia e aeróbia.

- **Teste dos 40 segundos** (MATSUDO, 1995): o objetivo é medir indiretamente a resistência anaeróbia total (alática e lática) do cliente. Para isso, utilizamos uma pista de atletismo (400 metros) ou similar, demarcada de 10 em 10 metros, 2 cronômetros, 1 apito, um monitor de frequência cardíaca e uma trena. O cliente irá correr a maior distância possível durante os 40 segundos, saindo da marca zero. Ao final do tempo, um auxiliar do *personal trainer*, que estará posicionado entre a marca dos 200 e 300 metros, observará o último pé que estará em contato com o solo e esse ponto deverá ser assinalado como ponto de referência, para determinar a distância percorrida com precisão para o último metro. Vale lembrar que o teste é individual; o cliente pode se aquecer, mas deverá descansar no mínimo 2 minutos antes do início do teste; observar a velocidade do vento (evitar realizar o teste quando superior a 5 metros por segundo no sentido longitudinal e, quanto às condições de temperatura, cuidado se estiver abaixo de 15°C ou acima de 25°C); ao final do teste o cliente não deve interromper bruscamente a corrida, deve diminuir o ritmo e continuar caminhando; repita o teste a cada 12 semanas.

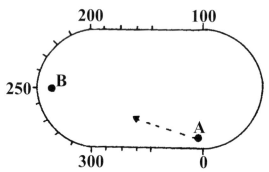

Ilustração do Teste de Corrida de 40 segundos

- **Teste dos 12 minutos** (COOPER, 1982): o objetivo é medir indiretamente a resistência aeróbia do cliente. Para isso, utilizamos uma pista de atletismo (400 metros) ou similar, demarcada de 50 em 50 metros, 1 cronômetro, 1 apito, um monitor de frequência cardíaca e uma trena. O cliente irá correr ou caminhar a maior distância possível, durante os 12 minutos, procurando manter uma velocidade constante. Ao final do tempo, mede-se a distância percorrida e compara-se com a tabela de classificação, e depois calcula-se o consumo máximo de oxigênio por meio da equação:

$$VO_{2\,MÁX.}\ ml.\ kg.^{-1}min^{-1} = \frac{Distância - 504}{45}$$

TABELAS DE CLASSIFICAÇÃO PARA RESISTÊNCIA AERÓBICA (TESTE DE 12 MINUTOS)

Classificação para homens

Classificação	Faixa etária			
	< 30 anos	30-39 anos	40-49 anos	> 50 anos
Muito Fraco	< 1600	< 1530	< 1370	< 1290
Fraco	1610-2000	1540-1840	1380-1670	1300-1590
Regular	2010-2400	1850-2240	1680-2080	1600-2080
Bom	2410-2800	2250-2640	2090-2480	2090-2400
Excelente	> 2810	> 2650	> 2490	> 2410

(COOPER, 1982)

Classificação para mulheres

Classificação	Faixa etária			
	< 30 anos	30-39 anos	40-49 anos	> 50 anos
Muito Fraco	< 1530	< 1370	< 1300	< 1130
Fraco	1540-1840	1380-1670	1310-1510	1140-1350
Regular	1850-2160	1680-2000	1520-1840	1360-1670
Bom	2170-2610	2010-2480	1850-2320	1680-2160
Excelente	> 2620	> 2490	> 2330	> 2170

(COOPER, 1982)

TABELA DE MEDIDA DE CONSUMO DE OXIGÊNIO (ml/kg^{-1}/min.$^{-1}$) CONFORME A DISTÂNCIA PERCORRIDA EM 12 MINUTOS

1.500 metros – 22,2 ml	2.350 metros – 41,3 ml	3.200 metros – 60,2 ml
1.550 metros – 23,4 ml	2.400 metros – 42,4 ml	3.250 metros – 61,4 ml
1.600 metros – 24,5 ml	2.450 metros – 43,5 ml	3.300 metros – 62,5 ml
1.650 metros – 25,6 ml	2.500 metros – 44,6 ml	3.350 metros – 63,6 ml
1.700 metros – 26,7 ml	2.550 metros – 45,7 ml	3.400 metros – 64,7 ml
1.750 metros – 27,8 ml	2.600 metros – 46,8 ml	3.450 metros – 65,8 ml
1.800 metros – 28,9 ml	2.650 metros – 47,9 ml	3.500 metros – 66,9 ml
1.850 metros – 30,0 ml	2.700 metros – 49,0 ml	3.550 metros – 68,0 ml
1.900 metros – 31,2 ml	2.750 metros – 50,2 ml	3.600 metros – 69,1 ml
1.950 metros – 32,3 ml	2.800 metros – 51,3 ml	3.650 metros – 70,3 ml
2.000 metros – 33,4 ml	2.850 metros – 52,4 ml	3.700 metros – 71,4 ml
2.050 metros – 34,5 ml	2.900 metros – 53,5 ml	3.750 metros – 72,5 ml
2.100 metros – 35,7 ml	2.950 metros – 54,6 ml	3.800 metros – 73,6 ml
2.150 metros – 36,8 ml	3.000 metros – 55,8 ml	3.850 metros – 74,7 ml
2.200 metros – 37,9 ml	3.050 metros – 56,9 ml	3.900 metros – 75,9 ml
2.250 metros – 39,0 ml	3.100 metros – 58,0 ml	3.950 metros – 77,0 ml
2.300 metros – 40,1 ml	3.150 metros – 59,1 ml	4.000 metros – 78,1 ml

• **Teste de corrida de 2.400 m:** o objetivo é medir indiretamente a resistência aeróbia do cliente. Para isso utilizamos uma pista de atletismo (400 metros) ou similar, cronômetro, 1 apito, um monitor de frequência cardíaca. O cliente irá correr o mais rápido possível, saindo da marca zero dos 2.400 metros. Deve-se cronometrar o tempo gasto (minutos e segundos) que o avaliado levou para percorrê-lo. Com o resultado coletado foi calculado o $VO_{2\,MÁX.}$, pela fórmula proposta pelo *American College Sport Medicine* (MARINS, GIANNICHI 1998), em que:

$$VO_{2\,MÁX.}\ ml.\ kg.^{-1}min^{-1} = \frac{(2.400 \times 60 \times 0,2) + 3,5\ ml.\ kg.^{-1}min^{-1}}{tempo\ em\ segundos}$$

Com o resultado obtido do $VO_{2\,MÁX.}$ ml. kg.$^{-1}$min^{-1}, comparamos com a tabela de classificação da aptidão cardiorrespiratória conforme a idade e o sexo.

TABELA CLASSIFICATÓRIA DE CONSUMO DE OXIGÊNIO – $VO_{2\,MÁX.}$ ml.kg.$^{-1}$min^{-1}

Classificação para mulheres (Valores em ml/kg/min)

Faixa etária	Muito fraca	Fraca	Regular	Boa	Excelente
20-29	-24	24-30	31-37	38-48	> 48
30-39	-19	20-27	28-33	34-44	> 44
40-49	-17	17-23	24-30	31-41	> 41
50-59	-15	15-20	21-27	28-37	> 37
60-69	-13	13-17	18-23	24-34	> 34

Classificação para homens (Valores em ml/kg/min)

Faixa etária	Muito fraca	Fraca	Regular	Boa	Excelente
20-29	-24	25-33	34-42	43-52	> 52
30-39	-23	23-30	31-38	39-48	> 48
40-49	-20	20-26	27-35	36-44	> 44
50-59	-18	18-24	25-33	34-42	> 42
60-69	-16	16-22	23-30	31-40	> 40

(American Heart Association, 1995)

- **Teste de caminhada de 1 milha ou 1.600 metros** (McArdle *et al.*, 1998): o objetivo é medir indiretamente a resistência aeróbia do cliente, por meio da velocidade da caminhada e de outras variáveis em homens e mulheres. Para isso, utilizamos uma pista de atletismo (400 metros) ou similar, cronômetro, 1 apito, um monitor de frequência cardíaca. O cliente irá caminhar o mais rápido possível, saindo da marca zero dos 1.600 metros. Deve-se cronometrar o tempo gasto (minutos e segundos) que o avaliado levou para percorrê-lo e o bpm no final dos últimos 400 metros. É necessário também ter em mãos as informações quanto ao peso corporal atual (kg) e a idade (anos). Com estas informações e resultado coletados será calculado o $VO_{2\,MÁX.}$ ml. kg.$^{-1}$min.$^{-1}$

$VO_{2\,MÁX.}$ ml. kg.$^{-1}$min.$^{-1}$ = 132,853 – (0,0769 × Peso corporal) – (0,3877 × Idade) + (6,315 × Sexo) – (3,2649 × Tempo total da caminhada) – (0,1565 × Frequência cardíaca dos últimos 400m)

Sexo = **1** para homens
   0 para mulheres

• **VO$_{2 \text{ MÁX.}}$ estimado ou preditivo quanto a idade e percentual de gordura corporal** (TRITSCHLER, 2003; LEITE, 1997). O objetivo é estimar o consumo máximo de oxigênio por meio da equação abaixo, sendo necessário acrescentar a idade atual e o percentual de gordura do cliente. É interessante frisar que esse tipo de cálculo é utilizado em situações em que não há possibilidade de realizar testes dinâmicos diretos ou indiretos por parte do cliente. Este teste sem exercícios é muito útil para o *personal trainer* por ser um método rápido e de fácil classificação, quando não é necessária uma alta precisão da aptidão cardiorrespiratória.

$$VO_{2\text{MÁX.}}\ ml.\ kg.^{-1}min^{-1} = 57,50 - 0,31\ (idade\ em\ anos) - 0,37\ (\%\ de\ gordura)$$

6.11 – Limiar Anaeróbio (LA)

Quando falamos em limiar anaeróbio, estamos nos referindo à intensidade de exercício quando a produção e o nível de lactato sanguíneo começa a se acumular numa velocidade mais alta do que vinha acontecendo em intensidades de exercício mais leves (DENADAI, 1999; MATTAR, 1997). A partir desse ponto, a fonte energética aeróbia não consegue mais manter o fornecimento de energia, necessitando de ajuda das fontes anaeróbias. Com isso, a velocidade de produção de lactato ultrapassa a velocidade de remoção, causando um acúmulo que vai se acentuando cada vez mais, induzindo à fadiga precocemente.

Em qualquer intensidade de exercício existe produção de lactato, porém em intensidades abaixo do limiar esse lactato não se acumula, pois a velocidade de remoção é igual à velocidade de produção. O lactato só vai se acumular quando a velocidade de remoção for inferior à velocidade de produção (DENADAI, 1999).

Existe basicamente dois limiares: limiar 1 e limiar 2.

• **Limiar 1:** representa o ponto onde a produção de lactato é aumentada, mas ainda existe um equilíbrio entre produção e remoção; as fontes aeróbias de energia continuam sendo predominantes no fornecimento de energia para a atividade.

• **Limiar 2:** representa o ponto onde a produção de lactato é aumentada desproporcionalmente ao que vinha acontecendo nas intensidades inferiores de exercício, e a fonte energética aeróbia não consegue mais manter "sozinha" (predominantemente) o fornecimento de energia, passando a necessitar de ajuda das fontes anaeróbias que acentuam o acúmulo de lactato, induzindo à fadiga precocemente.

Dessa maneira, é muito importante quando o cliente realiza um teste para determinar o seu limiar anaeróbio, pois é aceito como o melhor índice fisiológico para a prescrição de treinamento físico individualizado e previsão de resultado, ou seja, a utilidade prática do limiar anaeróbio é saber qual a frequência cardíaca (bpm), o consumo de oxigênio (VO_2), a carga (km/h, mph, watts, Kp, Kg) e o tipo de metabolismo energético (fontes aeróbia e anaeróbia) a ser utilizado pelo cliente durante a atividade física, a fim de monitorar e dosar o seu próprio ritmo (KISS, COLANTONIO, 1997).

Segundo SILVA (1998), existem dois tipos de testes para determinar o limiar anaeróbio:

• **Técnica invasiva:** quando existe uma invasão do corpo do cliente avaliado. Os resultados são obtidos por meio da análise de amostras de sangue, para verificar o aumento na concentração de lactato no sangue, após ou durante intensidades de esforço diferentes. É indicado apenas para atletas.

• **Técnica não invasiva:** não existe invasão do corpo do cliente avaliado. Os resultados são obtidos por meio da análise da resposta ventilatória durante um exercício de cargas progressivas, podendo ser feito numa esteira ou bicicleta ergométrica, atrelada a uma máscara, para determinar a intensidade limite de exercício, na qual o sujeito pode exercitar-se de forma máxima por períodos extensos de tempo. É indicado para atletas e não atletas.

Foto de um teste não invasivo usando o ventilômetro modelo VLA SG – 6

6.12 – Ficha de avaliação e evolução

Serve também como fator de motivação para o testado, pois permite visualizar, por meio de dados quantitativos que, expressos em bases numéricas, representam o estado do cliente ao iniciar ou continuar um programa de atividade física.

Ao anotar todos os dados, pode-se verificar se o processo aplicado está certo, mantendo-o ou modificando-o em função das novas medidas obtidas.

Vale salientar que toda avaliação tem de ser feita em cima de cada qualidade física a ser desenvolvida no programa de exercícios físicos do seu cliente. A seguir, um exemplo de ficha de avaliação e evolução da aptidão e evolução física.

FICHA DE AVALIAÇÃO E EVOLUÇÃO DA APTIDÃO FÍSICA

Nome: _____Idade: _____
Data da avaliação: _____ / _____ / _____ Sexo: _____

Avaliação antropométrica
Peso corporal (kg)_____ Estatura (cm) _____

Circunferências (cm)
Tórax: _____
Bíceps ou Braço: Direito _____ Esquerdo _____
Antebraço: Direito _____ Esquerdo _____
Cintura: _____ Abdômen: _____ Quadril: _____
Coxa: Direita _____ Esquerda _____
Perna: Direita _____ Esquerda _____

Dobras cutâneas (mm)
Peitoral: _____Suprailíaca: _____
Tricipital: _____Abdominal: _____
Bicipital: _____Coxa: _____
Axilar média: _____Perna: _____
Subescapular: _____

Diâmetros ósseos (m)
Biestiloide do rádio: _____
Biepicondiliano do fêmur: _____

Resultados
Índice de Massa Corporal (%): _____
Índice de Relação Cintura/Quadril (cm): _____

Composição Corporal
Percentual de gordura corporal (%): _____
Percentual de massa corporal magra (%): _____
Peso da massa corporal magra (kg):_____
Peso da gordura corporal (kg): _____
Peso ósseo (kg): _____ Peso muscular (kg): _____
Peso residual (kg): _____ Peso ideal teórico (kg): _____
Perda desejável de gordura (kg): _____
Perda de kg / mês de treino: _____

Avaliação neuromotora

Teste abdominal dinâmico (repetições máximas): _____

Classificação: _____

Teste abdominal estático (tempo em s): _____

Classificação: _____

Teste de flexão de braço (repetições máximas): _____

Classificação: _____

Teste de suspensão na barra (tempo em s): _____

Classificação: _____

Teste dinâmico na barra (repetições máximas): _____

Classificação: _____

Teste de impulsão horizontal (distância em cm): _____

Classificação: _____

Teste de flexibilidade (cm): _____

Classificação: _____

Teste de 1 Repetição Máxima (kg):

Agachamento: _____

Leg press: _____

Flexão de joelho: _____

Extensão de joelho: _____

Supino: _____

Desenvolvimento frontal: _____

Remada sentada: _____

Rosca direta: _____

Avaliação cardiorrespiratória

Frequência cardíaca de repouso (bpm): _____

Frequência cardíaca máxima (bpm): _____

Pressão arterial (mmHg): _____

Teste de 40 segundos _____

Teste dos 12 minutos _____

Teste dos 2.400 metros _____

Teste dos 1.600 metros _____

Resultados

$VO_{2\,MÁX.}$ (ml. kg.$^{-1}$min^{-1}) _____

$VO_{2\,MÁX.}$ (l. min^{-1}) _____

METs _____

kcal / min _____

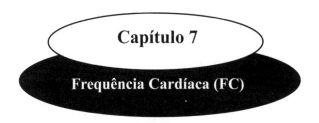

Capítulo 7
Frequência Cardíaca (FC)

O coração está localizado na parte centro-mediana da cavidade torácica, com 2/3 de sua massa à esquerda da linha média do corpo, pesando menos de 0,5 kg (McARDLE, KATCH, KATCH, 1998). Quando o coração se contrai, ele bombeia sangue por um lado (direito) para os pulmões e o sangue rico em oxigênio para todo corpo por outro lado (esquerdo).

As contrações do músculo cardíaco são chamadas de "pulsações" ou de "batimentos cardíacos", e são geralmente são medidas em **bpm,** que é o número de batimentos que o coração faz por minuto.

Esse batimento serve como controle para determinar o esforço que o cliente irá fazer durante alguma atividade física.

Para sabermos a frequência cardíaca diária tanto em repouso como realizando algum exercício físico, temos duas opções: a primeira seria a eletrônica (frequência elétrica), ou seja, o uso dos monitores de frequência cardíaca. Estes aparelhos utilizam dois eletrodos montados em um transmissor eletrônico selado que é fixado no tórax, utilizando uma cinta elástica. Os impulsos obtidos são transmitidos através de um campo eletromagnético para um monitor de pulso (relógio) ou diretamente para alguns aparelhos nos quais esteja se exercitando (esteira, bicicletas e elíptico) de forma contínua, sem precisar interromper as atividades físicas (EDWARDS, 1994). Os monitores cardíacos auxiliam no controle da intensidade do exercício. A segunda seria a manual (frequência mecânica), ou seja, a contagem dos batimentos apalpando uma artéria do punho, pulso radial, ou então no pescoço,

149

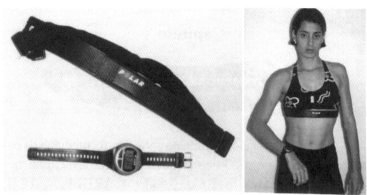

Monitor de frequência cardíaca

Tabela de conversão para transformar frequência cardíaca contada em 6, 10 e 15 segundos na FC por minuto

Bats/6s	Bats/min	Bats/10s	Bats/min	Bats/15s	Bats/min
9	90	15	90	23	92
10	100	16	96	24	96
11	110	17	102	25	100
12	120	18	108	26	104
13	130	19	114	27	108
14	140	20	120	28	112
15	150	21	126	29	116
16	160	22	132	30	120
17	170	23	138	31	124
18	180	24	144	32	128
19	190	25	150	33	132
20	200	26	156	34	136
21	210	27	162	35	140
22	220	28	168	36	144
		29	174	37	148
		30	180	38	152
		31	186	39	156
		32	192	40	160
		33	198	41	164
		34	204	42	168
				43	172
				44	176
				45	180
				46	184
				47	188
				48	192
				49	196
				50	200
				51	204

(Modelo elaborado por J. C. B. Martins, 1996)

pulso carotídeo, com os dedos indicador e médio, durante 6, 10 ou 15 segundos e depois multiplicando-os por 10, 6 ou 4 (ALFIERI, DUARTE, 1993). Além de interromper a atividade física, essa opção não é muito confiável. A frequência cardíaca varia muito entre os indivíduos, mesmo que possuam altura, peso e idade iguais. Quanto ao sexo, também varia, com a média feminina situando-se entre 5 a 7 bpm mais alta que os homens, devido ao coração ser proporcionalmente menor (WILMORE, COSTILL, 2001; McARDLE *et al.*, 1998).

Quando praticamos alguma atividade física com certa regularidade o coração começa a hipertrofiar, e é isto que desejamos, pois é sinal que está se desenvolvendo e se condicionando. Devido a esse fato a frequência cardíaca diminui, requerendo menos energia para bombear a mesma quantidade de sangue necessária que precisamos diariamente. Já nas pessoas que não praticam nenhuma atividade física o coração atrofia, e isto é um problema muito sério, pois a frequência cardíaca aumenta, gastando mais energia para bombear a mesma quantidade de sangue de que necessitamos diariamente. O aumento da frequência cardíaca está diretamente relacionado com o aumento do consumo de oxigênio, atingindo seu valor máximo quando é alcançada a captação máxima de oxigênio tanto em atletas como em sedentários (WILMORE, COSTILL 2001). Então, lembre-se, a frequência cardíaca é realmente um excelente indicador para as demais funções corporais.

Existem hoje fórmulas e formas diferenciadas de calcular e descrever as frequências cardíacas ou zonas-alvo de frequência cardíaca. Veremos a seguir algumas delas que são importantes, tanto para avaliação da aptidão física como também para a programação de uma sessão de treinamento.

Usaremos os dados de um indivíduo do sexo masculino de 30 anos de idade, com uma frequência cardíaca máxima de 190 bpm (depende de qual fórmula usada para calcular a FC máx.), frequência cardíaca de repouso de 40 bpm e uma frequência cardíaca de reserva de 150 bpm.

7.1 – Frequência cardíaca de repouso

É a frequência cardíaca obtida logo ao despertar, antes de levantar da cama pela manhã. O cliente deverá anotar durante três dias consecutivos a sua frequência cardíaca ainda deitado na sua cama, e depois fará uma média desses bpm obtidos. Esse é um dado fundamental para controlar o progresso da condição física do cliente e deverá ser repetido a cada 8 semanas. Quanto menor for o número de batimentos, melhor.

Exemplo: **FC repouso = 40 bpm**

7.2 – Frequência cardíaca de segurança

Geralmente é adotado para clientes iniciantes em qualquer atividade física, como também em alguns programas de reabilitação cardíaca. Usa-se uma percentagem de 60% ou menos da frequência cardíaca máxima e ainda assim o músculo cardíaco consegue se fortalecer.

Exemplo: **FC segurança = FC máxima × 60%**
FC segurança = 190 × 60% = 114 bpm

7.3 – Frequência cardíaca de reserva

Nada mais é que a diferença entre a frequência cardíaca máxima e a frequência cardíaca de repouso, que representa a faixa de intensidade da frequência cardíaca, na qual se pode executar qualquer atividade física numa boa.

Exemplo: **FC reserva = FC máxima – FC repouso**
FC reserva = 190 – 40
FC reserva = 150 bpm

7.4 – Frequência cardíaca de recuperação

É a redução da frequência cardíaca logo após a finalização de uma atividade física. Quanto mais rápida for essa redução, melhor será o condicionamento físico do cliente. Um período comum de recuperação corresponde a 60 segundos.

Exemplo: após uma caminhada de 45 minutos, o cliente tinha a frequência cardíaca de 133 bpm. Passado o primeiro minuto, ele apresentou uma frequência cardíaca de 101 bpm. Isso significa que sua **FC recuperação foi de 22 bpm.**

7.5 – Frequência cardíaca máxima

É o número máximo de batimentos que o coração pode atingir por minuto durante um determinado esforço. Esse número não pode aumentar, pode apenas decrescer com a idade. É obtido utilizando-se um teste cardiológico de esforço específico (teste ergométrico), ou usando estas fórmulas matemáticas ajustadas à idade:

FC máxima = 220 – a idade atual
Exemplo: FC máxima = 220 – 30 anos
FC máxima = 190 bpm
ou
FC máxima = 210 – (0,65 x idade atual)
FC máxima = 210 – (0,5 x 30 anos)
FC máxima = 190.5 bpm

7.6 – Frequência cardíaca de treinamento

É a frequência cardíaca estipulada para ser atingida ou trabalhada numa determinada atividade física, na qual se obterá o maior benefício. Para isso, basta utilizar um percentual da frequência cardíaca máxima para determinar o esforço e consequentemente a intensidade do exercício físico que causam adaptações ao organismo. A literatura especializada tem citado que o máximo benefício dos exercícios é conseguido exercitando-se entre 60% a 90% da FC máx. (NEGRÃO, BARRETO, 2005; ACSM, 2003; BARTECK,1999; ALFIERI, DUARTE, 1993).

Temos duas opções para fazermos o cálculo estimativo da frequência cardíaca de treinamento: a primeira seria obtida através da multiplicação da frequência cardíaca máxima pelo percentual de esforço. Há uma variação de 10 a 12 bpm nessa estimativa (ACMS, 2000).

Exemplo: **FC treinamento = FC máxima x 60%**
FC treinamento = 190 x 60%
FC treinamento = 114 bpm

FC treinamento = FC máxima x 90%
FC treinamento = 190 x 90%
FC treinamento = 171 bpm

A segunda opção seria prescrever o treinamento utilizando o protocolo de KARVONEN et al. (1957). Para isso, precisamos ter em mãos a frequência cardíaca máxima e a frequência cardíaca de repouso do cliente. O resultado desse cálculo deverá apresentar um limite superior e um limite inferior da taxa de trabalho ou zona-alvo. Após as 8 ou as 12 primeiras semanas de termos iniciado o nosso trabalho de *personal training*, é necessário que este cálculo seja refeito levando-se em conta a adaptação do organismo ocasionada pela prática de exercícios físicos, a partir daí então sugerimos realização de novos cálculos a cada 4 semanas devido ao fato de que há uma melhoria crescente na eficiência do coração, fazendo com que o valor da frequência cardíaca de repouso reduza com o passar das semanas.

$$FC_{treinamento} = [\%. (FC_{MÁX.} - FC_{REP.})] + FC_{REP.}$$

Em que:

% – Percentual de trabalho, zona-alvo ou intensidade do exercício

$FC_{MÁX.}$ – Frequência cardíaca máxima

$FC_{REP.}$ – Frequência cardíaca de repouso

Exemplo:

$$FC_{treinamento} = [\% . (FC_{MÁX.} - FC_{REP.})] + FC_{REP.}$$
$$FC_{treino} = [60\% (190 - 40)] + 40$$
$$FC_{treino} = [0.60 \times 150] + 40$$
$$FC_{treino} = 90 + 40$$
$$FC_{treino} = 130 \text{ bpm } (60\% \text{ ou limite inferior})$$

$$FC_{treinamento} = [\% . (FC_{MÁX.} - FC_{REP.})] + FC_{REP.}$$
$$FC_{treino} = [85\% (190 - 40)] + 40$$
$$FC_{treino} = [0.85 \times 150] + 40$$
$$FC_{treino} = 127,5 + 40$$
$$FC_{treino} = 167,5 \text{ bpm } (85\% \text{ ou limite superior})$$

A zona-alvo de treinamento representa o nível de intensidade do exercício a ser trabalhado durante uma sessão de *personal training*, quando se determina a utilização do sistema energético predominante, favorecendo um gasto calórico favorável. Geralmente são utilizados os percentuais de 70% a 90% para clientes com bom nível de aptidão física. Para os que estão começando ou retornando à prática e se encontram com baixo nível de condicionamento, os valores iniciais são de 60% a 75%.

Quadro 1 – Sugestão para prescrição de treinamento aeróbico, conforme a capacidade física do cliente usando %FC Máx , Kcal e frequência semanal.

Capacidade Física ml-1 kg-1 min.-1	Zona De Treinamento % FC Máx.	Duração Da Sessão Kcal	Frequência Semanal Sessões
BAIXA = < 35	60% A 75%	200 a 450	1 a 2
MÉDIA = 35 A 45	70% A 85%	451 - 650	2 a 3
ALTA = > 45	75% A 95%	> 650	2 a 5

DOMINGUES FILHO, 2000

Após uma sessão de treinamento, a recuperação em forma de descanso se torna essencial, ela varia de cliente para cliente e conforme a intensidade usada. No quadro abaixo indicamos o tempo necessário para que isso aconteça conforme a intensidade utilizada, que pode ser através do percentual da frequência cardíaca máxima ou do percentual do consumo máximo de oxigênio.

Quadro 2 – Referente à zona-alvo de treinamento, porcentual da frequência cardíaca máxima, intensidade subjetiva/metabolismo e sintomas durante o exercício.

Recuperação (horas)	% de $FC_{MÁX.}$	% de $VO_{2MÁX.}$
De 6 a 24 horas	De 50% até 70%	28% a 58%
De 12 a 24 horas	De 80% até 90%	70% a 83%
De 12 a 48 horas	De 90% até 100%	83% a 100%

(DOMINGUES FILHO, 2000)

7.7 – Método da taxa de exaustão percebida (TEP)

Denominada escala de *Borg*, esta é uma outra maneira de determinar a intensidade da frequência cardíaca. Ela simplesmente quantifica a intensidade do exercício pelo registro das sensações percebidas da fadiga. Existem duas escalas que são amplamente usadas: a original, que classifica a intensidade de exercício em uma escala de 6 a 20, e a escala revisada de 0 a 10. A revisada, como podemos observar no quadro abaixo, é simplificada, o que facilita para o cliente a sua utilização. Ambas avaliam o aumento linear do consumo de oxigênio e da frequência cardíaca durante o exercício.

Quadro 3 – Tempo de recuperação de acordo com a intensidade do exercício através do percentual da frequência cardíaca máxima ou do percentual do consumo máximo de oxigênio

Escala revisada	Escala original
0 sem esforço	6
1 muito fraco	7 muito, muito leve
2 fraco	8
3 moderado	9 muito leve
4 um pouco forte	10
5 forte	11 ligeiramente leve
6	12
7 muito forte	13 um pouco difícil
8	14
9 muito, muito forte	15 difícil
10 máximo	16
	17 muito difícil
	18
	19 muito, muito difícil
	20

(BORG *et al.*, 1983)

7.8 – Hipertensão

Já que estamos falando de frequência cardíaca, vamos aproveitar e falar um pouco de hipertensão ou pressão alta, que nada mais é do que uma condição na qual a tensão arterial se encontra cronicamente elevada para os níveis considerados desejáveis ou saudáveis para idade e tamanho do indivíduo (NEGRÃO, BARRETO, 2005; ACSM, 2003; NIEMAN, 1999; McARDLE et al., 1998; POLLOCK, WILMORE, 1993).

Geralmente não tem cura, porém pode ser controlada. Ela ocorre quando o volume de sangue a ser bombeado através do corpo permanece igual e existe um estreitamento das artérias fazendo com que a pressão suba, ou seja, na hipertensão há um desequilíbrio entre os fatores relaxantes e os fatores de contração, predominando o de contração (NEGRÃO, BARRETO, 2005).

A hipertensão, na grande maioria dos casos, tem causa desconhecida e por este motivo é chamada de hipertensão primária ou essencial, ou então ocorre como manifestação de uma doença conhecida ou do uso de medicamentos; nesse caso é chamada de hipertensão secundária. Os fatores de risco são: história familiar, sal, obesidade, sedentarismo, tabagismo, alcoolismo, estresse, idade, diabetes e raça negra (maior incidência).

Os problemas de saúde causados pela hipertensão são: insuficiência cardíaca devido ao aumento do coração, acidente vascular cerebral (AVC), ocasionado por aneurismas nos vasos cerebrais e insuficiência renal, por causa do estreitamento dos vasos sanguíneos dos rins (NIEMAN, 1999).

Lembretes

Exercícios físicos ajudam a baixar a pressão sanguínea e melhoram o condicionamento do coração. Mas nem todos os exercícios físicos são bons para a saúde dos hipertensos. Os exercícios isométricos com grande sobrecarga realizados numa sala de musculação devem ser evitados porque tendem a provocar um aumento muito grande e repentino da pressão arterial. Por isso, na hora de montar um programa de exercícios físicos para o cliente, faça a opção por exercícios aeróbicos dinâmicos (caminhada, corrida, natação, hidroginástica e ciclismo) e por exercícios de resistência com pouca sobrecarga (musculação e ginástica localizada), para controlar a pressão arterial e melhorar a saúde cardiovascular. Mas não se esqueça de alguns detalhes como:

1. Solicitar do cliente a permissão médica e a avaliação física.

2. Realizar supervisão periódica (controle dos sintomas e da pressão arterial, antes, durante e pós-exercício).

3. Montar um programa de atividade física individual, cuidadoso, gradual, variado e constante.

4. Estimular o cliente a fazer os exercícios com prazer e não como obrigação.

5. O horário de maior frequência de ataques cardíacos é das 6 da manhã ao meio-dia.

6. A maioria dos brasileiros que morrem do coração tem menos de 65 anos, sendo que os homens têm 5 vezes mais chance de ter um infarto do que as mulheres (NEGRÃO, BARRETO, 2005).

7. A redução do consumo de sal (cloreto de sódio) é muito importante, pois o sal faz o organismo reter mais líquido, que faz aumentar a pressão, ou seja, essa retenção provoca o aumento do volume de sangue, o que por sua vez exige maior esforço do coração para impulsioná-lo para todo o corpo.

8. A prescrição do exercício deve ser adaptada também às medicações anti-hipertensivas que podem afetar a frequência cardíaca e a pressão arterial.

7.9 – Hipotensão

Ou pressão baixa, como muitos a chamam. Ela causa mal-estar, tontura, náuseas e outros. Seus sintomas não trazem muitos malefícios à saúde, a não ser que seja uma hipotensão muito acentuada. Nesse caso se faz necessário um acompanhamento médico.

7.10 – Pressão sanguínea ou pressão arterial

Quando o músculo cardíaco se contrai (sístole) e expulsa o sangue para as artérias, isto ocorre com uma certa pressão, o que permite fazer uma estimativa do trabalho do coração e da tensão que age contra as paredes arteriais durante a contração ventricular. Quando o coração se dilata (diástole) a pressão sanguínea diminui, indicando a facilidade com que o sangue flui das arteríolas para dentro dos capilares. Necessitamos dessas duas diferentes pressões (pressão sistólica e diastólica) para obtermos a nossa pressão sanguínea ou arterial.

O método mais comum é o de auscultação, no qual se utilizam os aparelhos estetoscópio e o esfigmomanômetro.

O ponto de mensuração costuma ser a artéria braquial, no braço direito, mas também pode ser aferido no braço esquerdo. Coloca-se um manguito de pressão, o esfigmomanômetro, que é insuflado até que sua pressão feche a artéria braquial, causando ausência de som. A pressão dentro do manguito é reduzida devagarinho e o *personal trainer*, com o estetoscópio localizado no nível da fossa do cotovelo, escuta até perceber um ruído fraco. Isso representa o sangue que flui

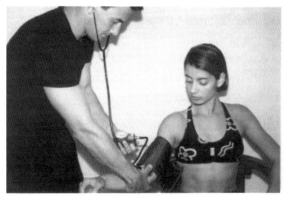

Foto da aferição da pressão arterial

através da artéria braquial e que recebe o nome de pressão sistólica. À medida que o manguito vai sendo esvaziado, os sons continuam sendo ouvidos até chegar a um ponto em que desaparecem, e isso recebe o nome de pressão diastólica. No quadro abaixo podemos observar a classificação da pressão sanguínea ou arterial, para adultos com 18 anos de idade e acima, que não estejam tomando betabloqueadores e sem doença aguda.

Quadro 4 – Classificação da percepção subjetiva do esforço

Classificação	Pressão sistólica (mm Hg)	Pressão diastólica (mm Hg)
Normal	< 130	< 85
Normal alta	130 a 139	85 a 89
Hipertensão		
Estágio I (leve)	140 a 159	90 a 99
Estágio II (moderada)	160 a 179	100 a 109
Estágio III (severa)	180 a 209	110 a 119
Estágio IV (muito severa)	>210	> 120

(Sociedade Brasileira de Cardiologia, 1993)

7.11 – Colesterol

É uma gordura derivada, que não contém ácidos graxos, mas que exibe algumas características químicas e físicas da gordura; é encontrado apenas no tecido animal, pois não existe em qualquer alimento de origem vegetal.

As lipoproteínas (gorduras compostas), formadas principalmente no fígado pela união de triglicerídeos, fosfolipídeos ou colesterol com proteína são a principal forma de transporte para a gordura no sangue (McARDLE et al, 1998).

Elas dividem-se em: lipoproteínas de alta densidade (LAD ou HDL), consideradas como colesterol bom, e as lipoproteínas de baixa densidade (LBD,LDL, VLDL ou LMDB), que são o colesterol ruim.

Para que haja um equilíbrio entre o colesterol bom e o

ruim é importante a prática de exercícios aeróbios regulares e controle alimentar, que podem aumentar os níveis de HDL em relação ao LDL, o que inibe e pode proteger contra o aparecimento de doenças cardíacas.

Quadro 5 – Classificação da pressão sanguínea ou arterial

Colesterol total	
Classificação	**Colesterol total**
Desejável	< 200 mg. dl
Limítrofe	200 a 240 mg. dl
Alto	> 240 mg. dl
Colesterol LDL (lipoproteína de baixa densidade)	
Classificação	**Colesterol LDL**
Desejável	< 130 mg. dl
Limítrofe	130 a 160 mg. dl
Alto	> 160 mg. dl
Colesterol HDL (lipoproteína de alta densidade)	
Classificação	**Colesterol HDL**
Baixo	< 35 mg. dl

(A.C.S.M, 2000, adaptado por DOMINGUES FILHO)

7.12 – Triglicerídeos

São as menores e mais simples partículas de gorduras no sangue. Elas associam-se com o LDL para criar depósitos de gorduras nas paredes das artérias, podendo levar ao ataque cardíaco (NIEMAN, 1999). O que contribui para o aumento dos triglicerídeos no sangue são: álcool, açúcar refinado e o amido, uso de esteroides, aumento da gordura corporal. A atividade física ajuda a reduzi-lo, assim como uma dieta balanceada, interrupção ou moderação no consumo de bebidas alcoólicas e redução do peso. A seguir, a classificação dos níveis de triglicerídeos.

Quadro 6 – Classificação dos níveis de colesterol sanguíneo total, colesterol HDL e colesterol LDL

Classificação	Triglicerídeos
Desejável	250 mg/dl
Limítrofe	250 a 500 mg/dl
Elevado	> 500 mg/dl

(National Heart, Lung and Blood Institute, 1988, citado por ACSM, 2003)

7.13 – Glicose sanguínea

Ou açúcar no sangue, quanto mais alto o nível, maior o risco de doenças, entre elas a diabetes. A diabetes é causada pelo mau funcionamento do pâncreas. Este órgão produz insulina que leva o açúcar (glicose) presente no sangue para dentro das células (para nutrição delas). Quando existe uma falência do pâncreas ou a diminuição da produção de insulina, o açúcar fica no sangue sem conseguir entrar nas células, ocasionando um aumento na taxa de glicose, fazendo com que as células não recebam os nutrientes necessários (desnutridas e sem energia natural). Classifica-se a diabetes de duas maneiras:

• **Diabetes tipo I** – insulino-dependentes. Frequente em crianças e jovens. As células Betas (que produzem a insulina) são completamente destruídas (ação dos próprios anticorpos que o organismo fabrica). Nesse caso há necessidade de aplicar insulina.

• **Diabetes tipo II** – não insulino-dependentes. Mais comum em clientes acima dos 40 anos, obesos ou com antecedentes familiares. O corpo produz insulina, porém seu funcionamento não é adequado. O uso de medicamentos que estimulem o pâncreas a trabalhar mais se faz necessário.

Quadro 7 – Classificação de risco cardiovascular conforme o resultado obtido da divisão entre o colesterol LDL pelo Colesterol HDL. (Risco cardiovascular = LDL/HDL)

RESULTADO OBTIDO	RISCO CARDIOVASCULAR
< 2	Baixíssimo
Entre 2,1 e 3,5	Baixo
Entre 3,6 e 5	Moderado
5,1 ou >	Alto

ACSM, 2000 adaptado por DOMINGUES FILHO.

7.14 – O idioma do coração

A seguir estão alguns termos usados pelos médicos e *personal trainers* quando falam a respeito do coração:

- **Aterosclerose:** é um tipo de arteriosclerose em que há formação de depósitos de colesterol, chamados de placas, sobre o revestimento interno das artérias de médio e grande calibre, produzindo o estreitamento e a obstrução desses vasos. Essa mudança faz com que o miocárdio se torne precariamente irrigado com oxigênio (isquêmico).

- **Arteriosclerose:** ou endurecimento das artérias, é um termo genérico para uma variedade de condições que fazem as paredes das artérias tornarem-se estreitas e perderem a elasticidade.

- **Infarto do miocárdio ou ataque cardíaco:** devido ao processo degenerativo das artérias, o sangue flui lentamente, causando um coágulo sanguíneo (trombo) que pode fechar um dos vasos coronarianos menores, causando a morte de uma parte do músculo cardíaco.

- **Oclusão coronariana:** é a obstrução de um ramo de uma das artérias coronárias que impede que o fluxo do sangue vá para uma parte do músculo cardíaco. Esta parte do músculo do coração morre por causa da redução de fluxo sanguíneo.

- **Angina pectoris ou angina:** quando não há um bloqueio total, mas o fluxo sanguíneo mesmo assim não atende à demanda do coração; o cliente pode experimentar algumas dores torácicas, no braço esquerdo e ombro, momentâneas, principalmente durante algum esforço.

- **Circulação colateral:** um desvio da circulação do sangue por pequenos vasos quando um vaso principal foi bloqueado.

- **Miocárdio:** é a parede muscular do coração, que fica entre o endocárdio e o pericárdio.

- **Aorta:** tronco arterial mais importante que recebe sangue da parte inferior esquerda do coração. A aorta começa na base do coração, contorna-o e passa pelo tórax e abdômen. Ela se desdobra em muitas e pequenas artérias que conduzem o sangue para todas as partes do corpo (exceto o pulmão).

- **Artérias:** são vasos sanguíneos que carregam o sangue do coração para as várias partes do nosso corpo. Elas costumam levar o sangue oxigenado, exceto a artéria pulmonar, que conduz o sangue não oxigenado do coração para os pulmões, onde ele é oxigenado.

- **Eletrocardiograma:** sua abreviação é **ECG**, que nada mais é do que um gráfico das correntes elétricas produzidas pelo coração.

- **Ventrículos:** são as câmaras do coração. O ventrículo esquerdo bombeia sangue oxigenado através das artérias para o corpo, enquanto o ventrículo direito bombeia o sangue não oxigenado (venoso) pela artéria pulmonar para os pulmões.

- **Isquemia:** nada mais é do que uma deficiência local temporária de sangue em alguma parte do corpo, causada por um bloqueio dos vasos sanguíneos.

Capítulo 8

Recomendações para os programas de *personal training*

1. O profissional de Educação Física, que é ou deseja ser um *personal trainer*, deve sempre elaborar os exercícios físicos dentro de critérios que respeitem os limites do seu cliente.

2. A avaliação física serve para avaliar o condicionamento físico atual e comparar a evolução e o progresso do cliente.

3. O profissional de medicina deve examinar, emitir diagnóstico e indicar as limitações do indivíduo (doença).

4. O exame médico prévio e periódico serve para evitar riscos de caráter comportamental, como a pressa irrefletida, negligência e desobediência às normas de segurança básica ou deficiências organofuncionais conhecidas ou não diagnosticadas.

8.1 – Recomendações para clientes epilépticos

O epiléptico não deve participar de atividades em que a perda súbita da consciência represente risco de morte. Exemplo: pesca submarina, *surf,* voo livre, ciclismo de estrada. Algumas modalidades de exercício aeróbico, cíclicas e contínuas, podem ser liberadas com a condição de haver supervisão médica e a presença de um *personal trainer* durante a prática, como por exemplo a natação, a hidroginástica, o remo, o *step*, o ciclismo *indoor*, a caminhada e a corrida de média e longa duração. Exercícios de resistência muscular como a musculação e a ginástica localizada podem e devem ser praticados, com pouca sobrecarga. Para ambos os exercícios deve haver um descanso de 24 horas entre cada sessão de treino. Um detalhe importante é que essa vigilância poderá ser menos sistemática desde que o epiléptico mantenha o uso de medicamentos e não tenha apresentado crises num prazo mínimo de 2 anos. Em qualquer circunstância a cabeça não deverá ficar vulnerável a impactos de bola, como no futebol, vôlei, basquete, handebol, etc. (CARVALHO, 1997).

8.2 – Recomendações para clientes hipertensos

É frequente o exame médico detectar em jovens assintomáticos valores tencionais elevados, e essa condição implica necessidade de um parecer cardiológico, no qual se incluirá o teste ergométrico ou cicloergométrico para que se verifique a pressão arterial durante o esforço. Devemos trabalhar com clientes de nível moderado ou estágio II, ou seja, que apresentem a pressão arterial até 179 mm Hg (sistólica) e 109 mm Hg (diastólica). Acima desses valores só serão permitidas caminhadas com programação criteriosa e com presença direta do especialista nessa área. Muitos dos hipertensos, submetidos a treinamento leve e regular, obtêm decréscimo de até 15 mm Hg na pressão sistólica e 8 mm Hg na diastólica (NEGRÃO, BARRETO, 2005; NIEMAN, 1999).

Os clientes hipertensos tanto devem iniciar programas de exercícios regulares para prevenção quanto para a reabilitação cardiovascular após uma prévia avaliação clínica. O *personal trainer* deve priorizar exercícios aeróbicos, cíclicos e contínuos que envolvam grandes grupos musculares como: caminhadas, corrida, ciclismo, natação, hidroginástica, *step*, remo, entre outros. Exercícios resistidos com pesos podem ser praticados, desde que não sejam realizados de forma isométrica, com muita sobrecarga e em apneia (GODOY, 1997).

Quando o cliente apresentar hipertrofia ventricular esquerda, a atividade física fica restrita a caminhadas, exercícios de alongamento em sessões de até 15 minutos e esportes como tiro ao alvo, bocha, vela, etc. (CORTEZ, 1997). A ginástica de maneira geral está contraindicada para os hipertensos classificados em muito severo ou estágio IV.

A seguir, lembretes que podem auxiliar o *personal trainer* no planejamento de um programa de exercícios físicos para clientes hipertensos:

- Evite levá-lo a participar de esportes coletivos ou aqueles em que haja choque corporal, se houver lesões nos órgãos internos poderá provocar ruptura.
- Na natação ou hidroginástica, a água deve estar em torno de 27°, para não provocar alterações na pressão arterial.
- Sauna e banhos com choque térmico, para quem toma medicamentos, normalmente não são indicados. Quando liberados (por escrito pelo médico responsável), 10 minutos apenas (NEGRÃO, BARRETO, 2005).
- Evite levar o cliente para exercitar-se em lugares de grande altitude, pois a pressão arterial tende a elevar-se.
- Não atenda nenhum cliente logo após o seu despertar, espere pelo menos 1 hora antes de iniciar algum tipo de exercício físico.
- Atenção total para exercícios de isometria.
- Evite expor o cliente sob o sol muito forte ou em locais muito quentes e abafados.
- Verificar a pressão arterial antes, durante e após o exercício físico.
- A maior parte dos efeitos benéficos na pressão arterial em repouso ocorre nas primeiras semanas de treinamento. A permanência por 12 semanas ou mais traz redução da pressão arterial pela prática (ACSM, 2003).
- Clientes com pressão arterial superior a 179 / 109 mm Hg devem usar medicações para diminuí-la antes de iniciar o *personal training* (ACSM, 2003; SBC, 1993).

8.3 – Recomendações para clientes diabéticos

O treinamento aeróbio para o diabético insulino-dependente é capaz de favorecer o aumento da captação celular de glicose em níveis que autorizam reduzir a dose diária de insulina, além de trazer efeitos desejáveis à tonificação dos vasos periféricos com a melhora do retorno venoso, o que de certa forma previne as vasculopatias secundárias à doença (OLIVEIRA, 1995).

O diabético apresenta uma capacidade aeróbia menor que o indivíduo normal, mas com a prática esportiva regular ele irá melhorar sua resistência cardiovascular (NEGRÃO, BARRETO, 2005).

Uma recomendação básica é a correção da dieta pré-exercício com maior parte de carboidratos, a fim de prevenir a crise hipoglicêmica nos trabalhos de média a longa duração. A maior captação de glicose no exercício físico de longa duração realizado por um diabético provoca um esgotamento mais rápido do glicogênio hepático e por causa disso ocasiona a hipoglicemia. De maneira geral, são permitidos exercícios físicos desde que favoreçam o repouso intermediário e a moderação como: a caminhada, a corrida, a hidroginástica, a natação, o ciclismo de estrada, o ciclismo *indoor*, os esportes coletivos e a ginástica funcional. Deve haver cuidados com a prática de exercícios resistidos (musculação) e as provas de velocidade que são realizadas em débito de oxigênio, com rápido consumo da reserva glicídica (CANCELLIERI, 1999).

A seguir, lembretes que podem auxiliar o *personal trainer* no planejamento de um programa de exercícios físicos para clientes diabéticos:

- Pergunte ao cliente em qual região do corpo ele fez aplicação de insulina ou então o comunique sobre o local que será mais solicitado durante o exercício físico.

- Clientes que apresentem diabetes tipo I não devem exercitar por 1 hora, após as injeções de insulina de ação rápida, aquela região que recebeu a aplicação (ACSM, 2003).
- Faça o cliente se exercitar quando os efeitos da insulina são baixos e a glicose sanguínea está subindo.
- Evite realizar a prática de exercícios à noite.
- Evite expor o cliente sob o sol muito forte ou em locais muito quentes e abafados.
- Observar se durante a prática a hidratação está sendo realizada de forma correta.
- Tenha precauções com clientes que apresentem complicações devido a diabetes como: retinopatia, neuropatia (autônoma e periférica), nefropatia e hipertensão (ACSM, 2003; NIEMAN, 1999; CANCELLIERI, 1999).
- Controlar os parâmetros glicêmicos antes do exercício físico.

Quadro 8 – Classificação dos níveis de triglicerídeos

Glicemia	Procedimento
Até 80 mg / dl	Não deve praticar exercícios físicos
De 80 a 100 mg / dl	Ingerir carboidratos. Medir a glicemia novamente.
De 100 a 250 mg / dl	Pode praticar exercícios físicos.
Acima de 250 mg / dl Acima de 300 mg / dl com presença de cetonas na urina	Não deve praticar exercícios.

(ACMS, 2003, adaptado por DOMINGUES FILHO)

8.4 – Recomendações para clientes asmáticos

Os asmáticos têm uma constituição física menos resistente que as pessoas sadias (ACSM, 1995). Essa debilidade chega a repercutir no acompanhamento recreativo, com esses indivíduos mostrando-se desinteressados nos esportes competitivos, nos quais a velocidade e a resistência são qualidades essenciais. Por causa disso são indicados exercícios físicos que estimulem a ginástica respiratória, combinados com atividade aeróbia. Exemplo: natação, caminhada, hidroginástica, ciclismo, *jogging*, dança, jogos recreativos.

Os alérgenos desencadeadores de broncoespasmo ou de hipersecreção brônquica devem ser identificados antecipadamente, não sendo permitido ao asmático a prática de exercícios em ambientes agressivos, como sala de ginástica mal ventilada, úmida e confinada, pois poderá desencadear uma crise asmática (CARVALHO, 1995). Os clientes alérgicos ao cloro ou aditivos de tratamento das piscinas devem evitar a natação e a hidroginástica.

8.5 – Recomendações para clientes herniados

A hérnia de disco (rompimento) é um problema que encontramos com bastante frequência no nosso dia a dia como *personal trainer*. Existem duas maneiras de abordar o problema dos discos herniados: a conservadora não cirúrgica e a cirúrgica.

No caso conservador, o ideal é colocar o cliente na cama por algumas horas para dar ao disco uma chance de secar e encolher e também para que a inflamação local ceda. Iniciaríamos então um programa de exercícios destinados a atingir a superioridade biomecânica que impediria uma maior irritação e se possível outras crises. Nesse caso, a natação, a hidroginástica, os alongamentos, os exercícios isométricos e de correção postural são os mais indicados. No caso de uma laminectomia ou mesmo uma microcirurgia, é interessante um trabalho com exercícios destinados à região lombar, a fim de evitar que os músculos enrijeçam.

São exercícios contraindicados: saltos, pular corda, vôlei, basquete, ginástica com determinados aparelhos e tudo que possa expor a hérnia a contusões de grande impacto.

8.6 – Recomendações para clientes cardiopatas ou em reabilitação cardíaca

Este é um aspecto no qual o *personal trainer* alcançou uma posição segura e importante no acompanhamento de clientes cardíacos ou convalescentes de cirurgia das coronárias. A reabilitação cardíaca baseia-se no princípio de que o músculo do coração, que está ileso, pode ser treinado para funcionar de maneira eficiente e isso serve para todos os músculos do corpo. Já que não podemos aumentar o número de fibras musculares, pelo menos podemos aumentar a eficácia daquelas que possuímos.

Vale lembrar que cada atividade física possui uma determinada necessidade de energia (MET). E isso é importante, pois permite que calculemos com antecedência qual o gasto de energia que nosso cliente irá utilizar com relação aos tipos de atividades a que ele pode se dedicar, assim como montar uma programação cuidadosa, segura e estruturada de níveis de esforço que aumentem gradualmente conforme a sua classificação em um dos três fatores de risco baseados em sua história médica (baixo, médio e alto risco).

Os exercícios mais eficientes para um cardiopata devem ser aeróbios, sempre dentro de uma zona de frequência cardíaca leve, que use grandes grupos musculares e que proporcionem o aumento da potência da musculatura esquelética.

Os exercícios indicados são: caminhada, corrida, ciclismo de estrada, ciclismo *indoor*, natação, subida e descida de escadas ou um banco e, dependendo do caso, alguns exercícios de resistência muscular que utilizem pesos leves. São contraindicados todos os exercícios extremamente vigorosos (CORTEZ, 1997).

Durante as atividades físicas o *personal trainer* tem que estar atento aos possíveis sinais clínicos e sintomas que porventura o cliente venha a apresentar, como dor de cabeça, dor no peito, dor nos braços, tontura, cansaço excessivo, falta de ar, alterações na frequência cardíaca e na pressão arterial. Caso qualquer desses sintomas ocorra, deve-se interromper imediatamente a atividade, prestar os primeiros socorros e encaminhar a pessoa a um médico cardiologista.

8.7 – Recomendações para clientes gestantes

Não é fácil para a cliente se sentir em forma durante a gravidez. Os especialistas aconselham a nunca fazer regime durante esse período e nem a comer por dois. Qualquer um desses abusos resulta algumas vezes em problemas de saúde como pressão alta, anemia e diabetes (em mulheres que têm essa tendência) (NIEMAN, 1999; MIRANDA, ABRANTES, 1986). Em termos estéticos, nem é preciso lembrar de transtornos como flacidez na mama, inchaço nas pernas, varizes, estrias e celulite.

A prática de atividade física durante a gravidez é importantíssima após o terceiro mês, sendo que a manutenção de uma rotina de exercícios de forma regular durante a gestação auxilia a manter a mãe condicionada e saudável, pois não causa danos ao feto que está em desenvolvimento e pode facilitar o parto. As atividades físicas indicadas são alongamentos, caminhadas, natação, ginástica localizada e musculação com pouca sobrecarga, ciclismo *indoor*, dança e principalmente a hidroginástica. Devem ser evitados a corrida, a ginástica de alto impacto, os saltos e os esportes competitivos de modo geral. No caso de uma gravidez de risco, é permitida apenas uma leve caminhada com controle total da frequência cardíaca e pressão arterial.

8.8 – Recomendações para clientes com varizes

As varizes ou veias dilatadas e tortuosas, visíveis sob a pele, atingem tanto os homens como as mulheres. Diversos fatores contribuem para sua formação como: herança genética, obesidade, gravidez, postura e desvios ortopédicos (MONTENEGRO, BOGLIOLO, 1994).

Segundo LUCCAS (1988), as varizes, por afetarem a circulação, são classificadas em quatro estágios: no *primeiro*, as veias são visíveis sob a pele, pois estão um pouco dilatadas, porém não há sintomas. Nem todas as mulheres ultrapassam esse estágio, porque as varizes podem estacionar, sendo chamadas de compensadas. No *segundo*, surgem sintomas, como ardência nas veias e uma sensação de peso e de cansaço nas pernas, que geralmente se agrava no final do dia. Pode ainda desencadear uma tromboflebite (inflamação no vaso provocada pelo sangue que se coagulou devido à circulação lenta), e essa inflamação causa enrijecimento de uma parte da veia, gerando vermelhidão, dor e aumento da temperatura local. No *terceiro,* ocorre inchaço na perna, especialmente na região do tornozelo (a pressão dentro das veias está tão alta que ela não consegue mais absorver o líquido dos tecidos que a cercam), e esse inchaço prejudica a oxigenação da pele, que apresenta manchas escuras, fica mais fina e ressecada e começa a coçar e descamar. No *quarto*, a pele está muita fina e destratada, podem aparecer feridas próximas ao tornozelo. Essas lesões levam ao rompimento de veias locais, provocando hemorragias.

Os exercícios indicados para o primeiro e segundo estágios são natação, hidroginástica, ciclismo de estrada, ciclismo *indoor*, ginástica localizada e musculação com pouca sobrecarga, ginástica funcional, remo, alongamento, exercícios com bolas, caminhada e, dependendo do cliente, corrida. No terceiro estágio, caminhada e natação, e no último estágio é contraindicado qualquer tipo de atividade, pois o cliente precisa de repouso para que as feridas cicatrizem.

8.9 – Recomendações para clientes com osteoporose

A osteoporose é uma doença de evolução silenciosa e comum, principalmente entre as mulheres, após as alterações hormonais que ocorrem na menopausa (ACSM, 2003). Embora os homens também tenham uma perda gradual da densidade óssea com a idade, é pouco provável que ocorram problemas perceptíveis antes dos setenta ou oitenta anos (POLLOCK,WILMORE, 1993).

O cliente com osteoporose deve participar de atividades físicas regulares, pois, além de favorecê-lo, estimulam a manutenção ou mesmo o aumento do conteúdo mineral dos ossos. Como indicação: corrida, dança, tênis, pular corda, *step*, ciclismo de estrada ou ciclismo *indoor*, cama elástica, musculação. Alguns esportes coletivos também podem ser praticados com moderação.

Para casos mais graves de osteoporose, devido a doenças degenerativas, imobilização ou pelo uso constante de medicamentos, algumas atividades podem ser liberadas com a condição de haver supervisão médica. Neste caso, são indicados: alongamento, caminhada, corrida, ciclismo *indoor*, cama elástica e musculação.

8.10 – Recomendações para clientes obesos

A obesidade é uma doença, considerada a nova epidemia do final do século XX e início do século XXI. Deve ser tratada por especialistas multidisciplinares competentes (DOMINGUES FILHO, 2000).

Ainda que muitos tratamentos sejam utilizados para a prevenção ou cura, não se pode ignorar os benefícios que a atividade física traz, favorecendo mudanças no estilo de vida. Embora há consenso na literatura sobre o efeito da dieta na redução do peso corporal, a inclusão de exercícios físicos nem sempre resulta em perda adicional. Porém, o treinamento regular melhora o controle do peso corporal a médio e a longo prazo, após o emagrecimento.

Em muitos casos, a obesidade está associada a outras patologias e a cura tem que ser feita por meio de medicamentos, alimentação e exercícios físicos (BOUCHARD, 2003). É aconselhável o trabalho multidisciplinar, para que haja sucesso e para que o cliente apresente uma condição de saúde próxima da normalidade.

Muitas vezes, a prática de exercícios físicos é difícil, desmotivante para um indivíduo obeso, principalmente porque o excesso de peso reduz a eficiência mecânica e a amplitude de movimentos, causando desconforto, dores e uma certa resistência psicológica. Devido a esta situação, o programa de exercícios deve ser planejado em cima das condições atuais do cliente. No primeiro momento torna-se curativo, passando, num segundo momento, a ser preventivo e terá que ser feita para toda a vida uma manutenção.

A perda de peso rápida, mediante a utilização de dietas hipocalóricas, muito comum entre nossos clientes, deve ser sempre desmotivada, pois temos observado o aumento de peso após cada ciclo repetido de restrição calórica. A redução do peso corporal ocorre principalmente às custas da perda de massa corporal magra. Assim, existe uma queda no metabolismo basal, pois, quanto menor a massa corporal magra, menor a quantidade de calorias necessárias para a manutenção do peso corporal. Além disso, a perda de massa muscular implica uma queda na habilidade de queimar calorias em repouso ou durante o exercício físico, o que facilita a síntese e o armazenamento de gorduras.

Com a prática de exercícios físicos regulares, em parceria com uma restrição calórica não tão acentuada, pode-se minimizar a perda de massa corporal magra, revertendo a queda no metabolismo basal (SHARKEY, 1990).

Segundo PATE (1988), os componentes que caracterizam a aptidão física relacionada à saúde seriam: a resistência cardiorrespiratória, a flexibilidade, a força e resistência muscular.

São indicados exercícios de características aeróbias, cíclicos e contínuos que envolvam grandes grupos musculares como: caminhadas, corrida, ciclismo de estrada, ciclismo *indoor*, remo, *step*, natação, hidroginástica. Deve também incluir no programa exercícios de resistência muscular, como musculação, ginástica localizada e ginástica funcional, pois auxiliam na manutenção e no desenvolvimento da massa magra.

Capítulo 9

Considerações sobre a prescrição de exercícios para idosos, mulheres, crianças e jovens

Um bom programa de atividade física deve ser elaborado, principalmente em função da clientela a que se destina. Escolhi neste capítulo os idosos, as mulheres e as crianças por entender que essas classes de indivíduos geralmente são as mais frequentes no trabalho do *personal trainer*.

9.1 – Idosos

Hoje em dia é muito comum encontrarmos senhores e senhoras se exercitando. Isso é devido à divulgação de inúmeros estudos realizados em vários países, nos quais as pesquisas apontam os benefícios das atividades físicas, que são uma garantia para um envelhecimento saudável. Embora saibamos que uma regressão anatômica e funcional de todo o organismo é inevitável, nada melhor do que observar que essa perda é compatível com um padrão mínimo de normalidade.

A partir dos 30 anos de idade inicia-se o processo de degenerescência orgânica que irá se prolongar até a nossa morte (HAYFLICK, 1996). Vale lembrar que todas as funções do corpo humano serão afetadas por este processo de declínio, só que em proporções diferentes e variando de pessoa para pessoa. Este processo de envelhecimento é influenciado tanto pelos fatores genéticos quanto pelo estilo de vida.

Segundo HEATH (1994), no planejamento e prescrição de programas de condicionamento físico para idosos, devem ser observadas e consideradas as características fisiológicas, anatômicas e psicológicas para uma experiência segura, efetiva e agradável para com os exercícios, ou seja, deve levar em consideração que os exercícios físicos propostos contribuam para o cumprimento de suas necessidades básicas diárias, favorecendo a sua autossuficiência através do desenvolvimento e manutenção de sua saúde física e mental. Tudo isso devido a uma abstenção lógica do idoso em relação ao exercício ou ao esporte (MEIRELLES, 1997).

Os problemas de saúde que ocorrem com frequência em suas vidas são: artrite, hipertensão, doença cardíaca, diabetes, dores lombares, comprometimento visual e da audição. Muitos desses problemas são tratados com medicamentos, e sendo assim devem ser levados em consideração no momento do planejamento.

Como normas básicas para montar um programa de condicionamento físico para idosos, é interessante ressaltar:

- Exames clínico e complementar.

- Avaliação da aptidão física. Nela devem estar incluídos testes para avaliar o peso corporal, a estatura, a composição corporal, circunferências, $VO_{2\,MÁX.}$, flexibilidade, postura, força e resistência muscular.

- É importante a individualização, por isso deve-se escolher com cuidado o tipo de exercício físico em função da avaliação da aptidão física e dos exames clínicos e complementares.

- Além da prática regular do exercício físico, é necessário atenção à dieta. Nesse caso, um profissional de nutrição deverá ser recomendado.

- A frequência varia de 3 a 6 sessões semanais de treinamento;

- De acordo com o nível inicial da aptidão física do idoso, realizar o ajuste na intensidade e na duração do esforço, conforme a escolha da atividade física apropriada.

- Quando o trabalho for feito em academias, deve-se atentar para horários de menor movimento.
- Uma boa parte do treinamento deve ser constituída de exercícios aeróbios. Como sugestão, temos as seguintes atividades: caminhada, corrida, ciclismo de estrada, ciclismo *indoor*, elíptico, natação, hidroginástica, dança, remo e *step*. E uma outra parte, por exercícios de resistência muscular como a musculação, a ginástica localizada e o treinamento de força funcional.
- O treinamento da flexibilidade não deve ser negligenciado, e deverá estar presente pelo menos 2 vezes na semana.

9.2 – Mulheres

Segundo NIEMAN (1999), a mulher pode ser submetida às mesmas atividades físicas que o homem sem perder a feminilidade, mas leve em consideração, quando estiver prescrevendo algum tipo de exercício, dois fatores morfológicos importantes:

– Elas são 20% menos fortes que o homem.

– Possuem em média 9% a mais de gordura essencial.

Mas não se esqueça de que esses fatores são válidos para pessoas com o mesmo peso corporal e isso constitui uma, digamos, imposição para que se trabalhe com menos carga e os objetivos de emagrecimento sejam distintos, embora o $VO_{2\,MÁX.}$ na mulher seja menor que no homem, devido a um menor débito cardíaco (DENADAI, 1999). A sua melhora com o treinamento não se diferencia, levando-se em consideração as suas devidas proporções.

Devido aos problemas que a gestação acarreta à estética do corpo feminino, convém enfatizar a realização de exercícios para o abdômen, glúteos e peitorais.

São poucas as nossas clientes que procuram a definição da musculatura. Por essa razão não é necessário diminuir excessivamente o percentual de gordura, e nem esquecer-se de enfatizar o trabalho de flexibilidade.

Como normas básicas para montar um programa de condicionamento físico para mulheres, é interessante ressaltar:

- Exames clínico e complementar.
- É importante a individualização, por isso deve-se escolher com cuidado o tipo de exercício físico em função da avaliação da aptidão física e dos exames clínico e complementar.
- Ficar atento aos efeitos dos medicamentos que estão sendo ingeridos, pois a maioria os toma sem uma prescrição médica, o que afeta, na maioria das vezes, a frequência cardíaca, o humor e a hidratação.
- Realizar bimestral ou trimestralmente a avaliação da aptidão física. Nela devem estar incluídos testes para avaliar o peso corporal, a estatura, a composição corporal, as circunferências, o $VO_{2\,MÁX.}$, a flexibilidade, a força e a resistência muscular.
- A frequência varia de 3 a 6 sessões semanais, de acordo com o nível inicial de aptidão física, atividade escolhida, intensidade e duração do esforço.
- Procure variar nas atividades físicas, sempre envolvendo os principais grupamentos musculares.
- Mesclar exercícios aeróbios, como a caminhada, a corrida, o ciclismo de estrada, o ciclismo *indoor*, o elíptico, a natação, a hidroginástica, a dança, o remo, a cama elástica, o *step* com exercícios de resistência muscular como a musculação, a ginástica localizada e o treinamento de força funcional.
- Além da prática regular do exercício físico, é necessária atenção à dieta. Nesse caso, um profissional de nutrição deverá ser recomendado.

- Muitas mulheres não se sentem confortáveis para praticar exercícios físicos devido à retenção de líquido, ao ganho de peso, às alteração no humor e cólicas durante o período da TPM e nos primeiros dias do fluxo menstrual.

9.3 – Crianças e jovens

A regularidade na prática de atividades físicas para crianças e jovens deve ser sempre incentivada, mas é bom levar em consideração o tipo de trabalho físico a que ela se submeterá. Este deve ser direcionado de acordo com o nível de maturação em que ela se encontra, ou seja, como uma criatura em formação na qual cada estágio do seu desenvolvimento dita o tipo e grau de esforço (ECKERT, 1993).

É na infância, segundo FARINATTI (1995), que se conseguem os melhores efeitos com o treinamento de algumas qualidades físicas como a flexibilidade, a agilidade, a coordenação, o equilíbrio, a velocidade de reação e a resistência aeróbia.

Por outro lado, não é aconselhável fazer atividades em que predomine as forças isométricas e tudo que envolva o sistema lático. Não devem ser enfatizados para não produzir tensões longitudinais excessivas sobre a ossatura, principalmente compressões da coluna vertebral, como também a baixa atividade de algumas enzimas críticas no metabolismo anaeróbio.

Percebemos que muitas crianças e jovens, pelo fato de ficarem mais em casa, dentro dos seus quartos, deitados ou sentados, estão cada vez mais com excesso de peso e com fatores de risco de doenças, devido à falta de exercícios físicos regulares e de uma dieta alimentar adequada. Isso torna-se bastante preocupante, pois, ao atingirem a fase adulta, a maioria, por não possuir o hábito de praticar exercícios físicos, dificilmente criará esse hábito. Sendo assim, é muito importante que os pais se mantenham fisicamente ativos, servindo como modelo para seus filhos, não devem suspender a prática de exercícios físicos como punição e nem usar o exercício como punição para os filhos; procurar oferecer uma variedade de atividades competitivas e não competitivas adequadas para a idade e habilidade, criando assim a confiança necessária para que se mantenham fisicamente ativos durante toda a vida.

Por isso, quando for prescrever algum tipo de atividade física para crianças e jovens, deve levar em consideração:

- Os exames clínico e complementar.
- A avaliação da aptidão física. Nela devem estar incluídos testes para avaliar o peso corporal, a estatura, a composição corporal, a circunferência, o $VO_{2\,MÁX.}$, a flexibilidade, a postura, a agilidade, o equilíbrio, a força e a resistência muscular.

- *Observe as variáveis antropométricas*

Peso corporal
Pré-pubertária – 7 a 10 anos – similar nos dois sexos
Fase pubertária – 11 a 14 anos – feminino superior ao masculino
Pós-pubertário – 15 a 18 anos – masculino superior ao feminino

Estatura
Feminino – atinge os 100% aos 15 anos
Masculino – atinge os 100% aos 17 anos

Composição corporal (adiposidade)
7 a 10 anos – similar nos dois sexos
11 a 18 anos – feminino superior ao masculino

Variáveis neuromotoras

Força muscular
11 anos – membros inferiores – ambos os sexos
14 anos – membros superiores – ambos os sexos

Velocidade
Feminino – estabilizam seu desempenho aos 12 anos
Masculino – melhoram a partir dos 16 anos

Agilidade
As meninas têm o seu ápice aos 12 anos, depois tendem a diminuir de forma acentuada
Os meninos melhoram a partir dos 15 anos

Variáveis metabólicas

$VO_{2 MÁX.}$
Fase pubertária – 11 a 14 anos – feminino superior ao masculino
Pós-pubertária – 15 a 18 anos – masculino superior ao feminino

- É importante a individualização, por isso deve-se escolher com cuidado o tipo de exercício físico em função da avaliação da aptidão física e dos exames clínico e complementar.
- Além da prática regular do exercício físico, é necessária atenção à dieta. Nesse caso um profissional de nutrição deverá ser recomendado.
- A frequência varia de 3 a 6 sessões semanais de treinamento.
- De acordo com o nível inicial da aptidão física da criança e do jovem, realiza-se o ajuste na intensidade e na duração do esforço, conforme a escolha da atividade física apropriada.
- Uma boa parte do treinamento deve ser constituído de exercícios aeróbios. Como sugestão temos as seguintes

atividades: caminhada, corrida, ciclismo de estrada, ciclismo *indoor*, natação, dança, remo, *step* e cama elástica. E uma outra parte por exercícios de resistência muscular como a musculação, a ginástica localizada e o treinamento de força funcional.

- O treinamento da flexibilidade não deve ser negligenciado, e deverá estar presente pelo menos 2 vezes na semana.

Capítulo 10
Orientação física

A alimentação correta aliada à prática de uma atividade física regular são formas que temos de prevenir inúmeras doenças, equilibrar o emocional, modificar o que a natureza nos impôs e chegar a resultados estéticos desejados.

A atividade física realizada rotineiramente previne doenças coronárias e circulatórias e reabilita clientes submetidos à cirurgia cardíaca. Na área de reumatologia é fundamental, fortalecendo o músculo, aliviando as tensões e o peso nas articulações. Na psíquica libera endorfina, que combate a depressão, o estresse e dá sensação de bem-estar. A atividade física, além de todos os benefícios para a saúde, é imprescindível em qualquer dieta de emagrecimento ou programa estético.

Exemplos de atividades físicas e de como calcular o gasto energético.

• **Caminhada:** caminhar em qualquer velocidade pode aumentar a produção de HDL, uma lipoproteína de alta densidade que remove o excesso de colesterol do corpo e pode diminuir as concentrações de triglicérides, reduzindo então o risco de doenças cardiovasculares (LIMA, 1988). Experimente variar o percurso, a distância e a velocidade.

Benefícios – melhora o condicionamento cardiovascular, proporciona resistência muscular localizada dos membros inferiores e auxilia na perda de peso.

Usaremos algumas equações para o cálculo do gasto energético proposto pela ACMS (2000). Antes usaremos como exemplo: um cliente do sexo masculino, de 25 anos, 175cm de estatura, 70kg de peso corporal atual, 12% de gordura que percorreu 6.000m de distância em 30 minutos.

Primeiro acharemos a velocidade em metros / minuto. Para isso, divida a distância percorrida pelo tempo.

$$\textbf{Velocidade m / min} = \frac{\textbf{Distância}}{\textbf{Tempo}}$$

$$\text{Velocidade m / min} = \frac{6.000 \text{ metros}}{30 \text{ minutos}}$$

Velocidade = 200 m / min

Depois acharemos o consumo máximo de oxigênio relativo, para isso multiplicaremos a velocidade de caminhada, em metros /min, por 0,1, e adicionaremos o valor de repouso.

$$VO_2 \text{ ml.kg}^{-1}.\text{min}^{-1} = 0{,}1 \text{ ml.kg}^{-1}.\text{min}^{-1} \times \text{Velocidade m/min} + 3{,}5 \text{ ml.kg.}^{-1}\text{min}^{-1}$$
$$VO_2 \text{ ml.kg}^{-1}.\text{min}^{-1} = 0{,}1 \text{ ml.kg}^{-1}.\text{min}^{-1} \times 200 \text{ m/min} + 3{,}5 \text{ ml.kg.}^{-1}\text{min}^{-1}$$
$$VO_2 \text{ ml.kg}^{-1}.\text{min}^{-1} = 23{,}5 \text{ ml.kg}^{-1}.\text{min}^{-1}$$

Assim, ao corrigir o custo de oxigênio pelo peso corporal e pelo tempo de duração da caminhada, ajustando-se as unidades de medida teremos a demanda total da atividade.

$$VO_2 = VO_2 \text{ ml.kg}^{-1}.\text{min}^{-1} \times \text{peso corporal atual} \times \text{tempo (min)}$$
$$VO_2 = 23{,}5 \text{ ml.kg}^{-1}.\text{min}^{-1} \times 70 \text{ kg} \times 30 \text{ min}$$
$$VO_2 = 49.350 \text{ ml.kg}^{-1}.\text{min}^{-1}$$

Depois transformaremos o valor relativo ($\text{ml.kg}^{-1}.\text{min}^{1}$) em valor absoluto ($\text{l.min}^{-1}$).

$$VO_2 \text{ l.min}^{-1} = \frac{\textbf{ml.kg}^{-1}.\textbf{min}^{-1}}{\textbf{1.000}}$$

$$VO_2 = \frac{49.350 \ \text{ml.kg}^{-1}.\text{min}^{-1}}{1.000}$$

$VO_2 = 49, 35 \ \text{l.min}^{-1}$

E por fim multiplicaremos o valor absoluto por 5 kcal e acharemos o dispêndio calórico referente a essa atividade.

Dispêndio calórico = valor absoluto × 5 kcal
Dispêndio calórico = 49,35 l.min^{-1} × 5 kcal
Dispêndio calórico = 246,75 kcal

Outra forma seria utilizar a equação de Di Prampero (1986), Webb et al. (1988), citado por GUEDES (1995) que calcula o gasto energético da caminhada, levando-se em consideração a distância (km) e o peso corporal (kg).

Custo Energético da caminhada =
= 0,6 kcal × Distância km × Peso corporal (kg)
Custo Energético da caminhada = 0,6 kcal × 6 km × 70kg
Custo Energético da caminhada = 252 kcal

• **Corrida:** quando realizada dentro dos limites é excelente para desenvolver a resistência aeróbia. O impacto que gera contra o solo torna a atividade às vezes pouco segura para as articulações, por causa disso, inadequada para quem está com excesso de peso (ACSM, 2000). Opte correr em superfícies planas e utilize sempre bons tênis.

Benefícios – melhora o condicionamento cardiovascular, fortalece a musculatura de membros inferiores e auxilia na perda de peso.

Usaremos algumas equações para o cálculo do gasto energético proposto por Bransford, Howley (1977), citado por GUEDES (1995).

Primeiro acharemos a velocidade em metros / minuto. Para isso, divida a distância percorrida pelo tempo.

$$\textbf{Velocidade m / min} = \frac{\textbf{Distância}}{\textbf{Tempo}}$$

$$\text{Velocidade m / min} = \frac{6.000 \text{ metros}}{30 \text{ minutos}}$$

Velocidade = 200 m / min

Depois acharemos o consumo máximo de oxigênio relativo, para isso multiplicaremos a velocidade da corrida, em metros /min, por 0,2 e adicionaremos o valor de repouso.

$VO_2\,ml.kg^{-1}.min^{-1} = 0,2\,ml.kg^{-1}.min^{-1} \times \text{Velocidade m/min} + 3,5\,ml.kg.^{-1}min^{-1}$

$VO_2\,ml.kg^{-1}.min^{-1} = 0,2\,ml.kg^{-1}.min^{-1} \times 200\,m/min + 3,5\,ml.kg.^{-1}min^{-1}$

$VO_2\,ml.kg^{-1}.min^{-1} = 43,5\,ml.kg^{-1}.min^{-1}$

Assim, ao corrigir o custo de oxigênio pelo peso corporal e pelo tempo de duração da corrida, ajustando-se as unidades de medida se terá a demanda total da atividade.

$\textbf{VO}_2 = \textbf{VO}_2\ \textbf{ml.kg}^{-1}.\textbf{min}^{-1} \times \textbf{peso corporal atual} \times \textbf{tempo (min)}$

$VO_2 = 43,5\,ml.kg^{-1}.min^{-1} \times 70\,kg \times 30\,min$

$VO_2 = 91.350\,ml.kg^{-1}.min^{-1}$

Depois se transforma o valor relativo ($ml.kg^{-1}.min^{-1}$) em valor absoluto ($l.min^{-1}$).

$$VO_2 = \frac{91.350\ ml.kg^{-1}.min^{-1}}{1000}$$

$VO_2 = 91,35\ l.min^{-1}$

Multiplicar o valor absoluto por 5 kcal e achará o dispêndio calórico referente a essa atividade.

Dispêndio calórico = valor absoluto × 5 kcal
Dispêndio calórico = 91,35 l.min^{-1} × 5 kcal
Dispêndio calórico = 456,75 kcal

• **Natação:** é citada por muitos especialistas como um dos esportes mais completos. Segundo ABOARRAGE (2003), a ação da água não gera nenhum impacto sobre as articulações. Quando nadamos com intuito de melhorar o condicionamento físico, devemos recordar que a frequência cardíaca não se eleva como nas outras atividades, ou seja, para um mesmo consumo de oxigênio pelos músculos a frequência cardíaca será de 10 a 20 bpm menor que em atividades feitas fora do meio líquido.

Benefícios – ativa a circulação sanguínea, alivia problemas respiratórios, melhora a flexibilidade, trabalha os membros superiores e inferiores e auxilia na perda de peso.

Usaremos a equação de Di Prampero (1986), citada por GUEDES (1995), para estimativa da demanda energética na prática da natação. A demanda energética na natação, a princípio, depende da duração e da velocidade do nado e do estilo empregado, porém, a habilidade com que o indivíduo consegue nadar é fundamental.

Mulheres
Demanda Energética (kcal) = 0,151 × SC (m²) × Distância (m)

Homens
Demanda Energética (kcal) = 0,210 × SC (m²) × Distância (m)

Nomograma para estimar a área superficial corporal (SC, m²) com base na estatura e no peso corporal do cliente

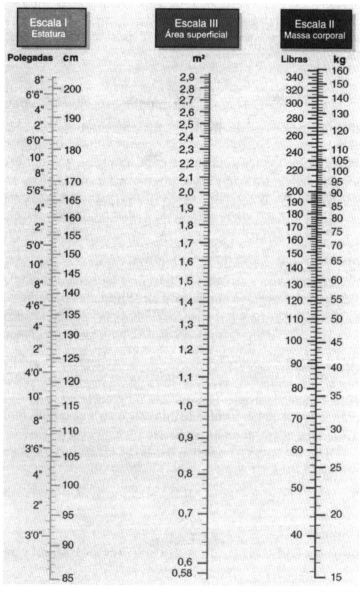

(McARDLE et al, 1998)

- **Hidroginástica:** alguns grupos de pessoas são especialmente favorecidos pela hidroginástica, como gestantes, obesos e portadores de desvios de postura. Os movimentos na água são de baixo impacto com pouquíssimos riscos de lesões.

Benefícios – bom para o sistema cardiovascular, favorece a melhora do condicionamento físico e auxilia na perda de peso.

Calorias perdidas (kcal) = peso corporal kg × tempo (min) × 0,070 kcal

- **Ciclismo:** excelente para queima de calorias, principalmente porque não há geração de impacto contra o solo. No ciclismo, o peso corporal é sustentado pelo selim da bicicleta, e o trabalho físico é determinado pela interação entre velocidade (km/h), resistência (kg), rotações por minuto (rpm), distância (m) e frequência cardíaca (bpm).

Benefícios – bom para o sistema cardiovascular, melhora a resistência muscular localizada nos membros inferiores e favorece na perda de peso.

Existem vários tipos de bicicletas estacionárias no mercado nacional, que apresentam as seguintes características.

Bicicleta com frenagem elétrica – A graduação de carga varia de 0 a 500 Watts.

Lembre-se que **1 watts = 6,12 kgm**

Bicicleta com frenagem mecânica com resistência de pesos – Varia de 1 a 7 kg.

Nas bicicletas de frenagem mecânica, em que a resistência do sistema é gerada por fricção, a tensão dos pedais é medida em quilogramas e a roda dianteira movimenta-se 6 metros a cada rotação dos pedais. O trabalho físico deverá ser expresso em quilogrâmetros por minuto – kgm/min.

Exemplo: **kgm / min = rotação por minuto × resistência ou carga (kg) × 6 metros**

kgm / min = 80 rpm × 1kg × 6 m

kgm / min = 480 kgm /min

O volume de oxigênio consumido numa atividade de bicicleta estacionária pode ser expresso pela equação:

VO_2 ml.kg^{-1}.min^{-1} = (3,5 ml.kg^{-1}.min × peso corporal) + (Trabalho Físico (kgm /min) × 2,0)

VO_2 ml.kg^{-1}.min^{-1} = (3,5 ml.kg^{-1}.min × 70 kg) + 480 kgm / min × 2,0

VO_2 ml.kg^{-1}.min^{-1} = 245 + 960

VO_2 ml.kg^{-1}.min^{-1} = 1205 ml.kg^{-1}.min^{-1}

• **Aeróbica** – a aula de ginástica aeróbica é bastante dinâmica e divertida, pois se apoia na variedade de movimentos e deslocamentos que se realizam com a música ou seja misturam ginástica com dança proporcionando o desenvolvimento da capacidade aeróbia.

Benefícios – bom para o sistema cardiovascular, melhora a resistência muscular e favorece na perda de peso.

A demanda energética na ginástica aeróbica é estimada em torno de 0,130 kcal por quilograma de peso corporal a cada minuto (IGNABURGO, GUTIN, 1978; LÉGER,1982; NELSON *et al.*,1988; PARKER *et al.*,1989, citado por GUEDES, 1995).

Ginástica aeróbica (kcal) = massa corporal kg × tempo (min) × 0,130 kcal

• **Alongamento e flexibilidade:** aula de alongamento ou de flexibilidade não emagrece e nem traz ganho de massa muscular (DANTAS, 1995). Em contrapartida, deixa o corpo muito mais relaxado, reduz as tensões musculares, tornando os movimentos mais soltos e fáceis. Por isso é indicado para completar todas as outras atividades físicas. Embora a idade determine a diminuição progressiva da flexibilidade, a principal razão para sua perda é o desuso.

Segundo (ACHOUR JR., 2002), alongamento são exercícios físicos como objetivo de manter e/ou desenvolver a flexibilidade.

Benefícios – aumenta a amplitude dos movimentos, previne lesões musculares, facilita o desempenho em outras atividades, relaxa tensões musculares e emocionais, ajuda a desenvolver a consciência corporal e ativa a circulação.

Músculo da panturrilha

Músculo flexor do quadril

Músculos posteriores da coxa

Músculos anteriores da coxa e do quadril

Músculos posteriores da coxa

Músculos da coxa e glúteos

Músculos anteriores da parte inferior da perna

Músculos da virilha e parte interna da coxa (adutor)

Músculo anterior, posterior e externo da coxa

Músculos da virilha, adutor e músculos das costas

Músculos da virilha e adutor e músculos inferiores das costas

Músculos da virilha e adutor

Músculos posteriores da coxa, músculos inferiores das costas e glúteos

Músculos da virilha e adutor

Músculos superiores das costas e do pescoço

Músculos profundos das costa

Músculos laterais do tronco e musculatura do antebraço

Musculatura peitoral

Músculos posteriores do braço e músculos posteriores do ombro

Músculos posteriores do braço e músculos laterais superiores das costas

Músculos peitorais e músculos anteriores do ombro

Musculatura peitoral

Músculos do antebraço

10.1 – Tipos de aulas

Hoje em dia, a ideia é diversificar, variar os exercícios, para incentivar ainda mais o cliente a seguir um programa de atividade física com prazer.

Surgiram então vários tipos de aulas e modalidades, com nomes engraçados, menos complexas, cheias de recursos e acessórios, a fim de satisfazer e alcançar os resultados esperados por ele, tudo com muita segurança e eficiência.

Mas nem sempre é fácil descobrir quais as atividades que realmente proporcionam isso. É interessante que o *personal trainer* mescle as sessões de treinamento utilizando as modalidades tradicionais com as novidades do mercado, sempre usando a criatividade e o *feeling*.

Alguns exemplos de aulas

• **Aeróbica:** aula coreografada, com muita ou média intensidade e sequências rápidas no ritmo da *dance music*. Trabalha coordenação e a capacidade cardiorrespiratória.

• *Funk/street dance*: aula de dança com passos de *rap*, *hip hop* e *funk*. Trabalha ritmo, coordenação e capacidade cardiorrespiratória.

• **Ritmos/***axé music/dance fit*: o objetivo é desenvolver ritmos variados como salsa, merengue, axé, forró, *jazz*, samba e pagode. Trabalha coordenação e capacidade cardiorrespiratória.

• *Aero boxe/cárdio boxe/power boxe:* na primeira, há uma mistura da aula de aeróbica de baixo impacto com sequências inspiradas no pugilismo. As outras duas são bem parecidas com os treinos dos boxeadores, unem técnica do esporte e condicionamento, com cordas, luvas, batedores e muitos exercícios abdominais. Trabalham capacidade cardiorrespiratória, resistência muscular, agilidade e coordenação.

• *Step*: simula subir e descer escadas. O acessório é que dá o nome à aula. Trabalha equilíbrio e capacidade cardiorrespiratória.

- **Cama elástica:** atividade na qual o cliente realiza saltos das mais variadas formas em cima de uma cama elástica. Trabalha equilíbrio, resistência muscular e a capacidade cardiorrespiratória.

- **Ciclismo *indoor*:** é uma atividade realizada numa bicicleta estacionária, na qual o *personal trainer* simula trilhas e percursos virtuais. Trabalha capacidade cardiovascular e muscular dos membros inferiores.

- ***Triathlon indoor:*** modalidade na qual o cliente nada na piscina, pedala em bicicleta estacionária e corre numa esteira. Trabalha coordenação, resistência muscular e a capacidade cardiorrespiratória.

- **Remo estacionário:** atividade na qual o cliente realiza movimentos de remar num equipamento chamado de *concept*. Trabalha força e resistência muscular, além da capacidade cardiorrespiratória.

- **Musculação:** atividade na qual se usam cargas, que pode ser através de pesos livres (halteres, barras e anilhas) ou uma máquina de forma guiada (aparelhos com polias, guias e placas de peso), favorecendo o aumento ou manutenção da massa muscular. Ótimo para quem busca a definição ou desenvolvimento muscular e desempenho esportivo. Trabalha força, resistência e potência muscular.

- ***Bodypump*:** tipo de musculação coletiva, com programa de exercícios pré-elaborados, executados com música e usando barra, anilhas, halteres e *step*. Trabalha a resistência muscular e a força.

- **Circuito/*interval training*/condicionamento físico:** o cliente passa em várias estações de exercícios diferentes, que podem variar de acordo com a criatividade e o material disponível. Trabalha a força, resistência muscular e capacidade cardiorrespiratória.

- **Ginástica localizada:** atividade na qual utiliza exercícios com sobrecarga, usando o próprio corpo ou então barras, anilhas, halteres, bastão, bola, caneleiras e elásticos.

Trabalha força e resistência muscular.

- **GAP:** atividade direcionada especificamente aos glúteos, abdômen e perna. Trabalha a resistência muscular.
- *Fitball:* o cliente usa uma bola que varia de tamanho (de 50 a 70cm de diâmetro, leve, que suporta até 240kg). As atividades podem fazer parte das sessões de alongamento, ginástica postural, circuito ou treinamento de força funcional. Trabalha equilíbrio, relaxamento e resistência muscular.
- **Treinamento de força funcional:** atividade na qual o cliente se utiliza de alguns equipamentos específicos ou o próprio corpo com intuito de melhorar e desenvolver principalmente os músculos mais profundos. Trabalha equilíbrio, agilidade, força e resistência muscular.
- **Pilates:** atividade na qual o cliente se utiliza de alguns equipamentos específicos ou o peso do próprio corpo. É uma técnica de reeducação do movimento, composto por exercícios profundamente alicerçados na anatomia humana, capaz de restabelecer e aumentar a flexibilidade e força muscular, melhorar a respiração, corrigir a postura e prevenir lesões.
- **Treinamento em suspensão:** atividade na qual o cliente se utiliza de uma cinta regulável fixada ao teto ou em outro local, para proporcionar a instabilidade tanto para membros superiores quanto inferiores, além de ser uma excelente ferramenta para o treinamento da região central do corpo. Trabalha equilíbrio, força e resistência muscular.
- **Hidroginástica:** é uma atividade física adaptada para a piscina, na qual se usam acessórios como luvas especiais, pesos, coletes, pranchas e elásticos. Acessível a clientes com diferentes idades, pesos e níveis de condicionamento. Trabalha coordenação, capacidade cardiovascular e resistência muscular.
- *Water step/hidrostep:* é uma hidroginástica mais intensa, onde se usa um *step* especial fixado no fundo da piscina. Trabalha capacidade cardiorrespiratória e resistência muscular.
- *Hidrotraining:* condicionamento físico dentro da

piscina, no qual você mistura e adapta vários tipos de aulas já citados acima. Trabalha a capacidade cardiorrespiratória e resistência muscular.

• *Hidromaster*/**hidroaeróbica:** aula dentro da piscina com exercícios aeróbicos e dança. Trabalha coordenação e capacidade cardiorrespiratória.

• *Deep running:* aula de corrida, feita dentro de uma piscina um pouco profunda, o pé do cliente não encosta no chão e são usados coletes ou cintos flutuantes. Trabalha capacidade cardiorrespiratória, postura e resistência muscular.

• *Crossfit:* é um programa de treinamento de força e de condicionamento físico desenvolvido para melhorar a aptidão física do cliente. Esse treino é acompanhado por cargas, que o individuo deve usar durante as sessões, e quanto maior a sua força, mais peso deve ser usado para poder proporcionar intensidade ao exercício. E feito com vários tipos de equipamentos e acessórios, os clientes fazem um aquecimento, seguido de uma prática de uma técnica ou segmento de treinamento de força e depois o WOD (workout of the day ou treino do dia). A montagem do WOD muda de dia para dia, mas geralmente inclui uma mistura de exercícios funcionais feitos em alta intensidade por um período que varia entre 5 a 20 minutos. Embora seja feito em grupos, o desempenho e individual. Trabalha todas as capacidades físicas.

• *HIIT:* em inglês High Intensity Interval Training ou Treino Intervalado de Alta Intensidade, é recomendado para clientes quem tem pouco tempo para se exercitar, quer emagrecer, quer definição muscular e/ou condicionamento físico. A sessão de treinamento consiste em realizar um aquecimento, seguido de um exercício com intensidade máxima durante um curto tempo predeterminado, pode ser de 30 segundos a 2 minutos, por exemplo, intercalando o mesmo exercício ou outro, com intensidade baixa por 2 a 3 minutos, uma espécie de descanso ativo. Isso possibilita ao cliente tempo suficiente para se recuperar e logo em seguida realizar outra sequencia de alta intensidade. Repita este ciclo de exercício um total de 20 a 25 minutos e depois finalize com desaquecimento de 2 a 3 minutos.Trabalha todas as capacidades físicas.

10.2 – Manutenção do peso

Depois dos 20 anos de idade, os adultos que não praticam atividades físicas perdem 500 gramas de massa muscular a cada 2 anos. Esta modificação na composição corporal é muito significativa. Pessoas inativas que mantêm exatamente o mesmo peso até os 40 anos já perderam quase 10 quilos de massa muscular, tendo em seu lugar gordura.

A cada 500 gramas de massa muscular perdida a nossa frequência metabólica (total de energia consumida diariamente) decresce em 50 calorias, ao passo que com o ganho de 500 gramas de massa muscular ocorre exatamente o inverso, ou seja, são gastas mais de 50 calorias por dia (WILMORE, COSTILL, 2001; McARDLE *et al.*, 1998).

Isso se explica porque as pessoas, não modificando seus hábitos alimentares e o seu modo de vida, começam a engordar por volta dos seus trinta anos.

Com o decréscimo da quantidade total de massa muscular, as necessidades calóricas diárias também diminuem. A única forma de reverter este processo é aumentar o nível de atividades físicas e promover o ganho de massa muscular.

10.2.1 – Calcule a sua taxa metabólica basal (TMB)

Taxa metabólica basal é a energia mínima necessária para a manutenção da vida. O seu consumo está associada a estatura, peso e composição corporal, ou seja, clientes altos e mais pesados apresentam um metabolismo de repouso maior quando comparados a clientes de menor estatura e peso corporal. Outro detalhe é entre clientes do mesmo sexo e com o mesmo peso corporal, mas com diferenças quanto à massa corporal magra, os que possuem uma maior massa magra tendem a ter uma demanda energética maior que aqueles com maiores quantidades de gordura. As mulheres apresentam uma taxa metabólica basal menor que os homens (ALTMAN, DITTMER 1968, citado por McARDLE *et al.*1998).

Levando em consideração a relação existente entre o metabolismo de repouso com o peso corporal, estatura, idade e sexo, podemos estimar a demanda energética tanto de homens como das mulheres (WILLIANS, 1995). O valor corresponde ao gasto calórico diário. Esse cálculo não inclui os gastos calóricos com atividades físicas.

<u>Homens</u>

TMB (kcal) = 66,47+(13,75 × peso corporal) + (5,00 × estatura) – (6,76 × idade)

<u>Mulheres</u>

TMB (kcal) = 655,1 + (9,56 × peso corporal) + (1,85 × estatura) – (4,68 × idade)

Exemplo: uma cliente do sexo feminino, de 32 anos de idade, com 62 kg e 168 cm de estatura.
TMB (kcal) = 655,1 + (9,56 × 62kg) + (1,85 × 168 cm) – (4,68 × 32 anos)
TMB = 655, 1 + 592, 72 + 310, 8 – 149, 76
TMB = 1.408,86 kcal / dia

Depois é só encontrar o gasto calórico por hora, dividindo o resultado da equação acima por 24 horas.
TMB (kcal / hora) = kcal/ dia ÷ 24 horas
TMB = 1.408,86 kcal /dia ÷ 24 horas
TMB = 58,70 kcal / hora

10.3 – Alguns benefícios causados pela atividade física no corpo do seu cliente

• **Cérebro:** estimula a liberação de substâncias que ampliam o funcionamento do sistema nervoso central. Com isso, proporciona sensação de bem-estar, melhora a auto-estima, reduz sintomas depressivos e ansiosos, estimula o controle do apetite, diminui a síndrome de fadiga crônica (cansaço e baixo rendimento).

• **Pulmões:** cresce a rede de pequenos vasos que irrigam os alvéolos pulmonares, melhorando o aproveitamento de oxigênio pelo pulmão; dessa maneira a respiração fica mais eficiente, aumentando o consumo máximo de oxigênio (medida que avalia a resistência aos esforços).

• **Coração:** estimula um aumento da irrigação de sangue para o próprio coração, o que garante melhor funcionamento do órgão (para um mesmo esforço, o trabalho cardíaco passa a ser menor). Reduz fatores de risco para artérias coronárias (pressão arterial e colesterol), doenças cardíacas (angina, infarto, arritmias, insuficiência), aumenta a resistência aos esforços físicos, estresse e sobrevida até mesmo nos clientes que já tiveram um infarto.

• **Músculos:** estimula o crescimento e desenvolvimento das fibras musculares que compõem os diversos músculos do corpo, com isso fortalece a massa muscular. O músculo é um tecido muito ativo, que ajuda no maior consumo de calorias ao longo do dia, dessa forma auxilia no controle e na perda de peso.

• **Ossos:** estimula a proliferação de células que contribuem para o crescimento do tecido ósseo (osteoblastos), reduzindo os riscos de osteoporose e fraturas na velhice.

• **Vasos sanguíneos:** reduz as taxas de colesterol total e eleva o HDL, que protege contra a formação de placas de gordura nas artérias. Combate a hipertensão, reduzindo os níveis de pressão arterial e diminui edemas, varizes e o risco de trombose.

• **Pâncreas:** diminui a resistência à ação da insulina, favorecendo um melhor controle dos níveis de açúcar no sangue.

• **Nariz e garganta:** estimula a produção de alguns aminoácidos que melhoram a ação protetora do sistema imunológico, reduzindo ocorrências de gripes, resfriados e infecções respiratórias em geral.

• **Flexibilidade:** melhora a amplitude dos movimentos sem causar danos nas articulações e nos músculos envolvidos, o que contribui na prevenção de lesões, entre elas as lombalgias.

10.4 – Alguns lembretes

Muitos clientes não têm qualquer dúvida de que o exercício físico pode trazer inúmeros benefícios à saúde e melhorar o desempenho para atividade diárias e a qualidade de vida, mas não acreditam que possam fazê-lo. Nesse caso elas precisam de mais trabalho para melhorar e manter a própria autoconfiança. Estabeleça metas fáceis e simples de serem alcançadas; que representem oportunidades de sucesso. Use e abuse dos elogios, pois gera confiança e motivação em superar novos desafios.

Algumas pessoas ainda acreditam que transpirar (suar) faz perder peso. A transpiração durante os exercícios significa perda de água e não de gordura.

Fazer exercícios até cansar não deverá acontecer nunca e, caso o seu cliente sinta alguma dor durante os exercícios, esse pode ser um sinal de alerta, procure parar imediatamente, caso contrário terá danos físicos.

Procure sempre controlar a frequência cardíaca de treino do cliente durante as atividades físicas, mantendo-as dentro da zona-alvo estipulada.

Toda vez que se faz um exercício físico, o corpo desgasta-se perdendo energia e produzindo toxinas, como ácido lático, que precisam ser eliminadas. Mas esse mesmo exercício também serve de estímulo para que, à medida que o cliente descansa e se alimenta, o corpo se recupere repondo as energias, eliminando as toxinas e ainda fazendo um pequeno, digamos, estoque de energia para enfrentar um novo estímulo. Isso se chama supercompensação, e é assim que o condicionamento físico melhora com o treinamento: aos poucos a captação de oxigênio no pulmão fica mais eficiente, o desgaste muscular é menor, os impulsos nervosos chegam mais rapidamente aos músculos, as toxinas são eliminadas mais depressa e fica cada vez mais fácil para seu cliente fazer aquele mesmo exercício. Mas, para se recuperar totalmente e ainda fazer a supercompensação, o corpo precisa de um tempo que varia de 12 horas a 48 horas. Se o tempo for muito menor ou muito maior que isso o efeito do exercício pode ser contrário, ou seja, em vez de melhorar, o condicionamento físico piora.

Com relação à respiração, esta fica mais acelerada quando estamos nos exercitando. Isso acontece porque o corpo precisa de oxigênio para consumir as gorduras, os carboidratos e as proteínas, e dessa maneira transformar a energia química em energia física para podermos nos movimentar. Por outro lado, só consome bastante oxigênio quem já está bem treinado, quanto melhor o preparo físico do seu cliente, maior a sua capacidade respiratória e maior a quantidade de oxigênio que vai conseguir mandar para dentro do seu corpo e mais calorias ele irá consumir.

A idade é outro fator. O nosso metabolismo basal, que é o responsável por manter a respiração, a circulação e outras funções do organismo, diminui seu funcionamento em 2% a cada década de vida. Isso que dizer que uma jovem de 20 anos precisa ingerir mais calorias que uma mulher de 40 anos para se manter saudável. Pelo mesmo motivo, a garota também gasta mais calorias.

O homem tem uma taxa de hormônios diferente da mulher. Ele ainda tem mais músculos do que tecido gorduroso, ao contrário do que acontece com as mulheres. Esses fatores levam os homens a gastar mais calorias.

A mulher não ganha facilmente massa muscular. Isso exige treinamento intenso, cargas elevadas de pesos, dietas rígidas e, na maioria dos casos, ingestão de drogas como anabolizantes. A maioria das mulheres não possui o quadro genético e hormonal para adquirir músculos de forma natural. Por isso, exercícios com pesos não fazem as mulheres ficarem musculosas.

Quanto ao peso e à altura, a questão aí é de tamanho. Quem é maior ou mais pesado precisa de mais energia para fazer uma atividade física e assim perde mais calorias.

Segundo SKINER, THOMPSON (1985), as temperaturas adequadas para as atividades aquáticas são:

Natação/treinamento (acima de 6 anos) – 27 a 28 graus

Hidroginástica – 28 a 29 graus

Bebês e crianças – 30 a 31 graus

A frequência semanal pode variar de 3 (três) a 6 (seis) vezes na semana, conforme o objetivo do cliente. Apesar de alguns optarem por apenas duas sessões semanais, tem-se observado algumas melhoras cardiorrespiratórias, mas é mínima a perda de gordura corporal.

Quanto à intensidade e duração da atividade, vai variar conforme a idade, condicionamento físico e saúde de cada cliente.

Ao iniciar a atividade física é muito comum alterar também alguns hábitos alimentares, mas a individualidade do cliente deve ser sempre respeitada, e para que os resultados sejam alcançados de maneira mais eficiente informações mais específicas a respeito de alimentação devem ser fornecidas por profissionais ligados à nutrição (nutricionistas).

A prescrição de exercícios é destinada à melhoria da aptidão física geral, à promoção da saúde, à prevenção e alteração na composição corporal. A maior exigência dos clientes quanto à obtenção de resultados e a um atendimento diferenciado dos normalmente oferecidos obriga o *personal trainer* a planejar e a estruturar as atividades, respeitando os princípios do treinamento físico.

A prescrição de exercícios para prevenção, para condicionamento e para emagrecimento deve ter uma frequência semanal de 2 a 6 vezes (depende do tempo disponível do cliente), uma duração variando de 30 a 90 minutos conforme o gasto calórico do exercício programado, uma intensidade calculada através do $VO_{2MÁX.}$ (60% a 80%) ou da frequência cardíaca de treino (70% a 90%), sendo que a progressão do exercício é determinada pelo programa de treinamento (metas a serem alcançadas) e pelo tipo de exercício físico a ser usado durante o treinamento. Estes cinco componentes são aplicados para clientes de todas as idades e capacidades funcionais, independentemente da existência ou ausência de fatores de risco ou de doença (ACMS, 2000).

Quando for elaborar um programa de treinamento para o seu cliente, leve em consideração: a idade, o sexo, as restrições médicas, as lesões anteriores, o histórico de saúde (anamnese), o treinamento anterior, a condição física atual (avaliação física), o tempo disponível por semana, o tempo disponível por sessão, os equipamentos disponíveis, os desejos, as metas e os objetivos e a personalidade do cliente.

Em geral a frequência, a intensidade e a duração não devem ser aumentadas juntas na mesma semana, e o volume semanal total do treinamento não deve ser avançado em mais de 10% (ACSM, 2003).

Quando um cliente perde ou ganha uma grande quantidade de peso corporal por meio de dieta, exercícios ou combinação de ambos, a alteração do percentual do VO_2 expresso em ml.kg^{-1}.min^{-1} será influenciado em função da alteração da perda ou ganho ponderal (POLLOCK, WILMORE, 1993).

10.5 – Palavra final

Este livro não é apenas mais um livro de *personal training*, mas sim uma experiência de vários anos de profissionalismo, por isso ele reproduz todo o material de uso diário que utilizo para planejar, prescrever e atender os meus clientes tanto na IN FORMA como em outros locais.

Referências bibliográficas

1. ACHOUR JR, A. *Exercícios de alongamento: anatomia e fisiologia*. São Paulo, 2002.
2. ABOARRAGE Jr., A. M. *Hidro treinamento*. Rio de Janeiro: Shape, 2003.
3. ALFIERI, R. G.; DUARTE, G. M. *Exercício e coração*. Rio de Janeiro: Cultura Médica, 1993.
4. AMERICAN COLLEGE OF SPORTS MEDICINE. *Guidelines for exercise testing and prescripton*. Willians & Wilkins, Philadelfhia, 1995, 5th edition.
5. AMERICAN COLLEGE OF SPORTS MEDICINE. *Manual do ACSM para teste de esforço e prescrição de exercício*. Rio de Janeiro: Revinter, 2000.
6. AMERICAN COLLEGE OF SPORTS MEDICINE. *Manual de pesquisa das diretrizes do ACSM para os testes de esforço e sua prescrição*. Rio de Janeiro: Guanabara Koogan, 2003.
7. AMERICAN HEARTH ASSOCIATION. Guidelines for clinical exercise testing laboratories. *Circulation*: 91 (3): pp. 912-921, 1995.
8. AMORIM, P. R.; GOMES, T. N. P. *Gasto energético na atividade física*. Rio de Janeiro: Shape, 2003.
9. ARAÚJO, C. G. S. *Medida e avaliação da flexibilidade: da teoria à prática* (tese de doutorado). Universidade Federal do Estado do Rio de Janeiro, 1986.
10. AVERY, C. S. Abdominal obesity: scaling down this deadly risk. *Physician and Sportsmedicine*, 9 (10): 137, 1991.
11. BAECHLE, T. R.; EARLE, R. W. *Essential of strength training and conditioning*. Champaign: Human Kinetics, 2000.

12. BARTECK, O. *En forma con fitness*. Espanha: Könemann, 1999.
13. BEHNKE, A. R. Quantitative assesment of body build. *Journal of Applied Physiology*, v. 16, pp. 960-968, 1961.
14. BOUCHARD, C.; SHEPARD, J.; STEPHENS, T.; SUTTON, J. R.; McPHERSON, B. D. *Exercise, fitness and health: a consensus of current knowledge.* Champaign: Human Kinetics, 1990.
15. BOUCHARD, C. *Atividade física e obesidade*. São Paulo: Manole, 2003.
16. BRYZYCKI, M. Strength testing: predicting a one-rep max fron reps-to-fatigue. *Journal of Physical Education, Recreation and Dance*, v. 64, p. 88, 1993.
17. BORG, G. A. V.; NOBLE, B. J.; JACOBS, I.; CECI, R.; KAISER, P. Category-ratio perceived exertion scale: relationship to blood and muscle lactates and heart rate. *Medicine and Science in Sports and Exercise*, v. 15, pp. 523-528, 1983.
18. BROOKS, G. A. Anaerobic Threshold: Review of the concept and direstios for future research. *Medicine and Science in Sports and Exercise*, v. 17, pp. 22-31, 1985.
19. BROOKS, I. *Seu cliente pode pagar mais*. São Paulo: Fundamento Educacional, 2005.
20. CANCELLIÉRI, C. *Diabetes & Atividade Física*. Jundiaí: Fontoura, 1999.
21. CARNAVAL, P. E. *Medidas e avaliação em ciências do esporte*. Rio de Janeiro: Sprint, 1995.
22. CARVALHO, T. Doenças crônico-degenerativas no Brasil. In: Brasil Ministério da Saúde – Coordenação de doenças crônico-degenerativas. *Orientações básicas sobre atividade física e saúde para profissionais das áreas de educação e saúde*. Brasília: Ministério da Saúde e da Educação, pp. 15. 22, 1995.

23. CONSELHO FEDERAL DE EDUCAÇÃO FÍSICA. *Resolução CONFEF n° 056/2003*. In: *Sobre o Código de Ética dos Profissionais de Educação Física registrados no Sistema CONFEF/ CREFs*. Rio de Janeiro, 2003.

24. COOPER, K. H. *O programa aeróbico para bem-estar.* Rio de Janeiro: Nórdica, 1982.

25. CORBIN, C. B.; LINDSEY, R. *Concepts of physical fitness, with laboratories*. Iowa: Brown & Benchmark, 1994, 8th ed.

26. CORTEZ, J. A. A. Prescrição de treinamento de nível II. *Revista Fitcor*, ano 3, pp. 23 a 28. Edição especial, 1997. Prescrição de treinamento para coronarianos, pp. 38 a 43.

27. COSTA, R. F. *Composição corporal: teoria e prática da avaliação*. São Paulo: Manole, 2001.

28. COSTA, R. F.; FALCO, V.; UENO, L. M.; COLANTONIO, E.; LIMA, F.; BÖHME, M. T. S. *Validades de técnicas preditivas de composição corporal*. 16ª Congresso Internacional de Educação Física, FIEP, Anais, p. 115, 2001.

29. DANTAS, E. H. M. *Flexibilidade, alongamento e flexionamento*. Rio de Janeiro: Shape, 1999, 4ª ed.

30. DENADAI, B. S. *Índices fisiológicos de avaliação aeróbia: conceitos e aplicações*. Ribeirão Preto, do autor, 1999.

31. DE ROSE, E. H. *Cineantropometria, Educação Física e treinamento desportivo*. Rio de Janeiro: FAE / SEED / MEC, 1984.

32. DOMINGUES FILHO, L. A. *Quais os motivos que levam os indivíduos a procurarem e a contratarem o serviço de um* personal trainer *na cidade de Santos*. Anais do Congresso Sul-Americano FIEP / 2001 e Jornada de Educação Física do Mercosul. Córdoba, Argentina, p. 35-A, 2001.

33. DOMINGUES FILHO, L. A.; SANTOS, N. F. *Perfil profissional do professor de Educação Física, que atua como* personal trainer *na cidade de Santos.* Anais do V Congresso Paulista de Educação Física. Jundiaí, p. 98-B, 2001.

34. DOMINGUES FILHO, L. A. *Obesidade & atividade física.* Jundiaí: Fontoura, 2000.

35. ECKERT, H. M. *Desenvolvimento motor.* São Paulo: Manole, 1993.

36. EDWARDS, S. *O livro do monitor de frequência cardíaca.* Rio de Janeiro: Polar, 1994.

37. FARINATTI, P. T. V. *Criança e atividade física.* Rio de Janeiro: Sprint, 1995.

38. FARINATTI, P. T. V.; MONTEIRO, W. D. *Fisiologia e avaliação funcional.* Rio de Janeiro: Sprint, 1992.

39. FERNANDES FILHO, J. *A prática da avaliação física.* Rio de Janeiro: Shape, 1999.

40. GODOY, M. Prescrição de exercícios. Revista *Fitcor,* ano 3, pp. 19 a 22, edição especial, 1997.

41. GUEDES, D. P. *Composição corporal.* A. P. E. F., Londrina, 1994.

42. GUEDES, D. P.; GUEDES, J. E. R. P. *Exercício físico na promoção da saúde.* Londrina: Midiograf, 1995.

43. HAYFLICK, L. O envelhecimento da cabeça aos pés. In: *Como e por que envelhecemos.* Rio de Janeiro: Campus, 1996.

44. HEATH, G. W. Programação de exercícios para idosos. In: *Prova de esforço* e *prescrição de exercício.* Rio de Janeiro: Revinter, 1994.

45. HEYWARD, V. H.; STOLARCZYK, L. M. *Avaliação da composição corporal aplicada.* São Paulo: Manole, 2000.

46. HOLANDA FERREIRA, A. B. *Minidicionário da Língua Portuguesa*. Rio de Janeiro: Nova Fronteira, 1989.

47. JACKSON, A. S.; POLLOCK, M. L. Generalized equations for predicting body density of men. *British Journal of Nutrition*, v. 40, pp. 497-504, 1978.

48. JACKSON, A. S.; POLLOCK, M. L. Generalized equations for predicting body density of women. *Medicine and science in sports and exercise*, v. 12, pp. 175-82, 1980.

49. KAPLAN, N. M. The deadly quarter: upper-body obesity, glucose intolerance, hypertriglyceridemia and hypertension. *Archives of International Medicine*, 149: 1514, 1989.

50. KARVONEN, M.; KENTALA, E.; MUSTALA, O. The effects of training on heart rate: a longitudinal study. *Ann Medicine Exp Biology Fenn*, v. 35, pp. 307-305, 1957.

51. KEYS, A.; BROZEK, J. Body fat in adult man. *Physiological reviews*, v. 33, pp. 245-325, 1953.

52. KISS, M. A. P. D. M.; COLANTONIO, E. Tópicos de limiar anaeróbio metabólico. *Revista Âmbito Medicina Desportiva*, ano IV, n° 36, pp. 16 a 28, outubro de 1997.

53. LEAN, M. E. J.; HAN, T. S. Waist circumference as a measure for indicating need for weight management. *British Medical Journal*, 311 (6998): 158, 1995.

54. LEITE, P. F. *Fisiologia do exercício, ergometria e condicionamento físico*. Rio de Janeiro: Atheneu, 2ª ed., 1986.

55. LEITE, P. F. *Manual de cardiologia desportiva*. Belo Horizonte: Health, 1997.

56. LIMA, D. F. *Caminhadas, teoria e prática*. Rio de Janeiro: Sprint, 1988.

57. LUCCAS, G. C. *Como enfrentar as varizes*. São Paulo: Ícone, 1988.

58. MARINS, J. C. B.; GIANNICHI, R. S. *Avaliação e prescrição de atividade física*. Rio de Janeiro: Shape, 1996.

59. MATHEWS, D. K. *Medida e avaliação em educação física*. Rio de Janeiro: Guanabara Koogan, 5ª ed., 1986.

60. MATIEGKA, J. The testing of physical efficiency. *American Journal of Physiology and Antropometry*, v. 4, pp. 223-230, 1922.

61. MATSUDO, V. K. R. *Testes em ciências do esporte*. São Paulo: Gráficos Burti, 5ª ed., 1995.

62. MATTAR, R. Limiar anaeróbio, uma abordagem crítica. *Revista Âmbito Medicina Desportiva*, ano IV, n° 37, pp. 27 a 35, novembro de 1997.

63. McARDLE, W. D.; KATCH, F. I.; KATCH, V. L. *Fisiologia do exercício*: energia, nutrição e desempenho humano. Rio de Janeiro: Guanabara Koogan, 1998.

64. MEIRELLES, M. A. E. *Atividades físicas na 3ª idade: uma abordagem sistemática*. Rio de Janeiro: Sprint, 1997.

65. MIRANDA, S. A.; ABRANTES, F. *Ginástica para gestante*. Rio de Janeiro: Sprint, 1986.

66. MONTENEGRO, M. R.; BOGLIOLO, L. *Artérias, veias e linfáticos*. In.: BRASILEIRO FILHO, G. *et al. Bogliolo patologia*. Rio de Janeiro: Guanabara Koogan, 5ª ed., pp. 367-386, 1994.

67. NATIONAL HEART, LUNG AND BLOOD INSTITUTE. *Clinical guidelines on the identification, evaluation, and treatment of overweight and obesity in adults*. National Institutes of Health, Washington, 1998.

68. NATIONAL RESEARCH COUNCIL. *Diet and health: implications for reducing chronic disease risk.* Government Printing Office, Washington, 1989.

69. NEGRÃO, C. E.; BARRETTO, A. C. P. *Cardiologia do exercício: Do atleta ao cardiopata*. São Paulo: Manole, 2005.

70. NIEMAN, D. C. *Exercício e saúde*. São Paulo: Manole, 1999.
71. NOVAES, J. S.; VIANNA, J. *Personal training: Manual para avaliação e prescrição de condicionamento físico*. Rio de Janeiro: Sprint, 1998.
72. OLIVEIRA, R. *Diabetes dia a dia*. Rio de Janeiro: Revinter, 1995.
73. PATE, R. R. The evolving definition of physical fitness. *Quest*, v. 40, n° 3, pp. 174-9, 1988.
74. PELLEGRINOTTI, I. L. *Performance humana: saúde e esporte*. Ribeirão Preto: Tecmedd, 2004.
75. PETROSKI, E. L. *Antropometria: técnicas e padronizações*. Porto Alegre: Editor, 2003.
76. POLLOCK, M. H.; WILMORE, J. H. *Exercícios na saúde e na doença: avaliação e prescrição para prevenção e reabilitação*. Rio de Janeiro: Medsi, 1993.
77. POLLOCK, M. L.; GAESSER, G. A.; BUTCHER, J. D.; DESPRÉS, J. P.; DISHMAN, R. K.; FRANKLIN, B. A.; GARBER, C. E. The recommended quatity and quality of exercise for developing and maintaining cardiorespiratory and muscular fitness, and flexibility in healthy adults. *Medicine and Science in Sports and Exercise*, n° 30, v. 6, pp. 975-991, 1998.
78. POSICIONAMENTO OFICIAL DO *AMERICAN COLLEGE OF SPORTS MEDICINE*. Programas adequados e inadequados para redução de peso. *Revista brasileira de medicina do esporte*, v. 3, n° 4, pp. 125 a 130, outubro e dezembro de 1997.
79. POSICIONAMENTO OFICIAL DO *AMERICAN COLLEGE OF SPORTS MEDICINE*. A quantidade e o tipo recomendados de exercícios para o desenvolvimento e a manutenção da aptidão cardiorrespiratória e muscular em adultos saudáveis. *Revista brasileira de medicina do*

esporte, v. 4, n° 3, pp. 96 a 106, maio e junho de 1998.
80. RAMOS, A. T. *Atividade física: diabéticos, gestantes, 3ª idade, criança e obesos.* Rio de Janeiro: Sprint, 1997.
81. SETTANNI, F. *Mude seu corpo e melhore sua vida.* São Paulo: MD, 1997.
82. SHARKEY, B. J. *Physiology of Fitness.* 3ª ed. Champaign, Illinois: Human Kinetics, 1990.
83. SHELDON, W. H. *Lês varietes de la constitucion physique de I'homme.* Paris: Presses Universitaires de France, 1950.
84. SILVA, A. O. *Limiar anaeróbio.* Apostila do Cefise/Skill, Campinas, 1998.
85. SIRI, W. E. *Body composition for fluid space and density.* In.: Brozek, J. & Hanschel, A. [Eds.]. *Techniques for measuring body composition.* Washington D. C.: National Academy of Science, 1961, pp. 223-224.
86. SKINNER, A. T.; THOMPSON, A. M. *Exercícios na água.* São Paulo: Manole, 1985.
87. SKINNER, J. S. A importância da idade na prova de esforço e na prescrição de exercício. In.: *Prova de esforço e prescrição de exercício.* Rio de Janeiro: Revinter, 1991.
88. SOCIEDADE BRASILEIRA DE CARDIOLOGIA. *Consenso brasileiro sobre dislipidemias*: *detecção, avaliação e tratamento.* Arquivos brasileiros de cardiologia v. 61, suppl. 1, p. I 13, julho de 1993.
89. TRITSCHLER, K. *Medida e avaliação em Educação Física e esportes de Barrow e McGee.* São Paulo: Manole, 2003.
90. VAN DER KOOY, K.; LEENEN, R.; SEIDELL, J. C.; DEURENBERG, P.; DROOP, A.; BAKKER, C. J. G. Waist-hip ratio is a poor predictor of changes in visceral fat. *American Journal of Clinical Nutrition*, 57: 327-333, 1993.

91. WILLIAMS, M. H. Nutrition for Fitness e Sport. 4ª ed. Brown & Benchmark, Chicago, 1995.
92. WILMORE, J. H.; COSTILL, D. L. *Fisiologia do esporte e do exercício*. São Paulo: Manole, 2001.
93. Abeso. http://www.abeso.org.br/calc_imc.htm. Acesso em 15/02/2008.

Leitura complementar

1. BROOKS,D.S – O LIVRO COMPLETO PARA TREINAMENTO PERSONALIZADO. SÃO PAULO PHORTE, 2007.
2. COSSENZA, C. E.; CONTURSI, E. B. *Manual do personal training*. Rio de Janeiro: Sprint, 1998.
3. COSSENZA, C. E. *Personal training*. Rio de Janeiro: Sprint, 1996.
4. GUEDES Jr; D.P; SOUZA Jr, T.P; ROCHA, A.C. – Treinamento personalizado em musculação. São Paulo, Phorte, 2008.
5. HOWLEY, E. T.; DON FRANKS, B. *Manual do instructor de condicionamento físico para a saúde*. Porto Alegre: Artmed, 2000.
6. MONTEIRO, W. *Personal training: manual para avaliação e prescrição de condicionamento físico*. Rio de Janeiro: Sprint, 1998.
7. MONTEIRO, A. G. *Treinamento personalizado: uma abordagem didática e metodológica*. São Paulo: Phorte, 2000.
8. MOSCATELLO, L. O. *Personal training*. São Paulo: Phorte, 1998.

9. NAHAS, M. V. *Atividade física, saúde e qualidade de vida: conceitos e sugestões para um estilo de vida ativo.* Londrina: Midiograf, 2003.

10. NOVAES, J. S.; VIANNA, J. *Personal training: Manual para avaliação e prescrição de condicionamento físico.* Rio de Janeiro: Sprint, 1998.

11. OLIVEIRA, R. C. *Personal training: uma abordagem metodológica.* São Paulo: Atheneu, 1999.

12. O´BRIEN, T. S. *O manual do personal trainer.* São Paulo: Manole, 1999.

13. PERES, F. P. *Personal Trainer: uma abordagem prática do treinamento personalizado.* São Paulo, Phorte, 2013.

14. PERUCA, A. D. *Metodologia do desenvolvimento do personal training.* Londrina: Midiograf, 1998.

15. PORTO, F. A. *Centro de treinamento físico personalizado: personal training.* Brasília: SEBRAE, 1999.

16. SILVA, A. E. R. *Personal training: material prático de uso diário.* São Paulo: Fitness Brasil, 1995.

17. TEIXEIRA, C.V.L.S – Marketing pessoal do personal trainer:estratégias praticas para o sucesso. São Paulo, Phorte, 2013

Capítulo 11
Nutrição

11.1 – A importância das técnicas da Nutrição na saúde

11.1.1 – O papel do profissional de Nutrição na saúde

É muito comum confundir-se *comer bem* com superalimentação, a prática de comer em grande quantidade. Consequentemente, não é raro encontrarmos casos de deficiências nutricionais graves, como doenças da artéria coronariana, certos tipos de câncer, obesidade, diabetes, dificuldades digestivas, hipertensão, deficiências imunológicas, desnutrição calórico-proteica, anemia, problemas que estão associados a uma alimentação rica em colesterol, gordura (principalmente a saturada), açúcar refinado e produtos animais e, no entanto, pobre em fibras.

Nos dias de hoje, o interesse por uma dieta adequada e balanceada tem aumentado significativamente, seja por especialistas da área ou por leigos, por meio de estudos, debates e congressos. A necessidade de se encontrar a dieta ideal é mais urgente ainda quando nos deparamos com relatos científicos que comprovam o efeito danoso de certos componentes na dieta humana. Neste sentido, temos visto muitos modismos alimentares e junto com eles o charlatanismo que tenta vender suas ideias e seus produtos ineficazes, algumas vezes perigosos à saúde. O que complica e estimula os atuais modismos alimentares é o crescente número de ideias falsas ou até mesmo folclóricas sobre a Nutrição, fartamente desenvolvidas em livros, panfletos, revistas e anúncios de televisão, versando sobre dietas de inúmeras espécies, acompanhadas muitas vezes de medicamentos milagrosos. Em alguns livros, não confiáveis, existe um pouco de verdade misturada à falsos conceitos sobre os valores alimentares e necessidades humanas, tornando assim difícil o julgamento de um leigo. O perigo se inicia quando estas novidades, cheias de *marketing* e plástica, induzem o indivíduo a retardar a procura de um conselho nutricional ou médico. Em qualquer caso, esses modismos podem aumentar indevidamente os custos alimentares e acabam resultando na omissão dos alimentos realmente necessários. É muito comum encontrarmos pessoas entusiasmadas por vizinhos mal informados e até por aproveitadores de ocasião. Aqui entra o trabalho de um profissional da área de Nutrição que, por meio de seu conhecimento e de experiência clínica, tem a habilidade necessária para conduzir o paciente à mudança de hábitos alimentares e ensiná-lo a satisfazer a sua saúde.

11.1.2 – A importância de uma anamnese

A dieta não deve ser encarada como uma mudança temporária de hábitos alimentares. É comum detectarmos no dia a dia das pessoas as dietas da moda, da vizinha, da revista, que até podem surtir um certo efeito, porém, ao seu término, tudo retorna à estaca zero. Na realidade, estas dietas não foram feitas para você acompanhar e respeitar seu *estilo de vida*. Elas não contêm a quantidade e qualidade de alimentos suficientes para cobrir suas exigências e equilíbrio energético.

O nutricionista, por meio de uma anamnese alimentar, entra em contato íntimo com seu paciente, reunindo e avaliando informações tais como horários, hábitos, gostos, por quem e como foi preparada a sua comida, quantidade de alimentos consumidos, fatores psicológicos, dados laboratoriais, atividades físicas praticadas e muitos outros dados e registros de sua vida pessoal.

O paciente que esteve envolvido numa avaliação dessas é mais propenso a reconhecer suas necessidades para resolver seu problema nutricional. Por outro lado, o consultor que esteve envolvido com ele no processo está mais apto a fornecer-lhe informações específicas que realmente possam mudar sua vida. Toda informação que o paciente precisa para alcançar um desempenho razoável não pode ser dada em um único contato com o consultor. Requer-se uma continuidade no contato a fim de dar ao paciente a informação de que ele necessita, na sequência apropriada e no tempo certo. Por exemplo, a mãe de um bebê de duas semanas de idade vai querer saber hoje como alimentá-lo na próxima semana, e não quando ele tiver um ano de idade.

Este contato deve ser feito em períodos quinzenais ou mensais dependendo da necessidade do paciente e de seu progresso em direção ao cumprimento de suas metas. Para isso, o paciente e a dieta são constantemente avaliados, o que acarreta, muitas vezes, mudanças de curso à medida que varia a situação do paciente. O processo ocorre de forma lenta e gradativa, o que o torna eficaz.

11.2 – Alimentação balanceada e cuca fresca na prevenção de doenças e manutenção da saúde

Vamos começar falando da inimiga número um dos tempos modernos, a tão famosa ansiedade, um problema causado pelas pressões da vida; é talvez a emoção que mais pesa nos indícios que a ligam ao começo da doença e ao curso da recuperação. Na vida moderna, a ansiedade é na maioria das vezes fora de propósito e dirigida para alvo errado. Repetidos ataques de ansiedade indicam altos níveis de *stress*, exacerbando um largo espectro de efeitos clínicos como o aumento da vulnerabilidade a infecções virais, comprometimento do sistema imunológico, aumento na formação de placas que levam à arteriosclerose e à obstrução do sangue que causa infarte do miocárdio, aceleração do início da diabetes tipo I e do curso da tipo II, vários casos de obesidade, problemas gastrintestinais, etc.

De um modo geral, crescem indícios de que o sistema nervoso está sujeito a desgastes e rompimento com o resultado de experiências estressantes.

Alguns estudos sugerem que a depressão exerce influência em muitos males encontrados na clínica médica, sobretudo no agravamento de uma doença já iniciada. No caso de paciente com doença séria e deprimido, seria útil em termos clínicos tratar também a depressão. Nestes estudos, nos quais a rota que liga a emoção à condição clínica não é biológica, mas comportamental, os pacientes deprimidos não obedeciam às prescrições médicas e trapaceavam nas dietas, o que os punha em situação de risco.

A forma como você encara a vida revelou-se o melhor provisor de sobrevivência do que qualquer outro fator clínico de risco.

A confiança na recuperação tem poder curativo. As pessoas que confiam na recuperação são, naturalmente, mais capazes de seguir a orientação médica, seja ela psicológica, dietética ou medicamentosa. O otimista se permite ajuda facilitando muito o trabalho do profissional.

Outra emoção que pode fazer um grande estrago interior é a solidão; não confunda, porém, solidão com isolamento. Muitas pessoas vivem sozinhas e têm poucos amigos com quem mantêm contatos afetivos muito estreitos e vivem satisfeitas e saudáveis. A sensação de estar isolado e de não ter com quem contar deixa a pessoa desamparada, desmotivada, sem forças para lutar. O apoio emocional tem um grande poder curativo. Deve-se compartilhar com alguém, seja ele seu médico, nutricionista, terapeuta ou mesmo um grande amigo, seus anseios e angústias, colocando para fora o que te perturba por dentro.

Outro método bastante eficiente, que aplico muito em meu consultório, vem de James Pennepaker, psicólogo da Universidade Metodista do Sul, que demonstrou numa série de experimentos que quando as pessoas expressam os sentimentos que mais as perturbam, o efeito clínico é benéfico. O método dele é muito simples: pelo período de 5 dias, durante quinze a vinte minutos por dia, pede às pessoas que escrevam, pode ser inteiramente para elas mesmas, sobre, por exemplo, a experiência mais traumática que já tiveram ou alguma preocupação premente no momento. No caso de meus pacientes, que tratam da compulsão alimentar, recomendo que neste momento escrevam que emoções estão sentindo, que expressem seu alto nível de tristeza, ansiedade, raiva, todo e qualquer sentimento perturbador, escrevam os alimentos que estão comendo, depois releiam e tentem identificar algum significado entre seus sentimentos e sua compulsão. Este processo assemelha-se ao que ocorre na psicoterapia.

É como se você estivesse assistindo a um aparelho de televisão: você consegue ver a imagem, mas não consegue entender seu mecanismo. A mesma coisa acontece com suas emoções, você consegue identificar se está triste, alegre, raivoso etc., mas não sabe o que ou como este mecanismo funciona e através do que ele se manifesta.

Com frequência o aumento de peso foi consecutivo a um episódio da vida do indivíduo marcado por uma perda real ou simbólica mais ou menos conscientemente reconhecida ou aceita. A incapacidade para elaborar este "luto", ou seja, para aceitar a realidade da perda e ultrapassar a "falta", é com efeito frequente. A frustração afetiva, a ferida narcísica, a renúncia às satisfações afetivas podem ter o mesmo efeito da perda de um ente querido. O colocar como prioridade as preocupações ponderais (relativas ao peso), ou seja, achar que você é infeliz, doente, deprimido porque está "gordo" é encobrir a problemática do "luto", sem, no entanto, resolvê-la. Pelo contrário, a atenção foi transferida da angústia psíquica para o sintoma corporal. O peso transforma-se na lembrança do que foi perdido e no instrumento da recusa do indivíduo em se conformar com essa perda. Assim, realiza-se um verdadeiro curto-circuito do trabalho de "luto".

A obesidade ou a patologia alimentar surgem assim, frequentemente, como defesas mais ou menos conseguidas contra a depressão, verdadeira barreira contra o sofrimento original. Quanto mais "conseguida" for a defesa, mais dificuldade haverá na mobilização do sintoma e o tratamento estará voltado ao insucesso.

Pelo contrário, a depressão quando se manifesta sem dificuldade demonstra a derrota da defesa (obesidade) e é paradoxalmente o melhor prognóstico.

> **Por isso é fundamental conhecer-se bem. É preciso coragem para sentir. A grande aventura começa com a pergunta: "O que estou perdendo na vida?"**

11.3 – Atingindo o equilíbrio nutricional

11.3.1 – Conservação de energia

Vamos falar um pouco da conservação da energia. Da mesma forma que a matéria inanimada, os seres humanos e outras criaturas vivas obedecem à lei fundamental de conservação de energia. Eles não podem criá-la nem distribuí-la, mas apenas transformá-la de uma forma para outra. Consequentemente, quando não ocorre nenhuma modificação nos depósitos energéticos do organismo – nenhum crescimento, aumento ou perda de peso – a maior parte da energia consumida com alimento é utilizada para produzir calor, seja ele liberado diretamente em reações metabólicas (intercâmbio de energia do organismo) ou como subproduto do trabalho realizado pelo organismo. Uma fração mínima é perdida por oxidação incompleta dos nutrientes ou pela excreção de metabólitos na urina, fezes, através da pele e, às vezes, dos pulmões (álcool e acetona).

Há gasto de energia sempre que o organismo realiza qualquer função. Não importa se a ação é voluntária, como o ato de andar, sentar-se e os diversos hábitos envolvidos na realização de um trabalho diário, ou involuntária como a respiração, digestão, circulação sanguínea, manutenção do tônus muscular, transmissão de impulsos nervosos e o transporte de nutrientes através da membrana. Apenas a fração de energia alimentar capturada sob forma química nas ligações de alta energia do ATP pode ser usada para estas funções, a porção liberada como calor é inútil para o organismo, com exceção de pequenas quantidades necessárias para a manutenção da temperatura corporal.

Quando há necessidade de mais energia para essas funções do que a fornecida pela ingestão alimentar diária utilizam-se as reservas energéticas, principalmente a gordura do tecido adiposo, da mesma forma que o excesso de ingestão alimentar leva a um aumento de reservas energéticas sob a forma de gordura do tecido adiposo, levando à obesidade. Existem três tipos de obesidade: a hipertrófica (aumento do volume das células adiposas), a hiperplásica (aumento do número de células adiposas) e mista (os dois efeitos acontecem ao mesmo tempo).

A perda de peso realiza-se em detrimento do tamanho e não do número de células adiposas. Quanto maior for o número de células adiposas, maior dificuldade a pessoa tem de emagrecer e manter o peso, porque uma vez instalada a célula adiposa vai sempre permanecer no indivíduo, no caso de uma restrição alimentar, as células adiposas vão diminuir em seu tamanho, a pessoa emagrece; caso volte a comer em excesso ela aumenta o seu tamanho novamente e em alguns casos multiplica-se o número destas células (hiperplasia), e além de engordar ganha mais células adiposas. É o que acontece nos "emagrece-engorda" sucessivos, a partir de uma certa dimensão e de uma certa duração o retorno ao peso anterior já não é possível. Por isso, as obesidades iniciadas na infância e na puberdade são mais graves por serem mais facilmente hiperplásicas do que as obesidades iniciadas na fase adulta.

Do mesmo modo, a baixa ingestão alimentar diária feita sem nenhum critério pode levar a uma excessiva perda de gordura corporal que é ilustrada dramaticamente na inanição. Atualmente a pressão cultural pela magreza e o culto ao corpo aparecem como importantes causadores de transtornos alimentares perigosos como anorexia e bulimia nervosa. O uso de dietas inadequadas de comportamentos compensatórios para evitar o ganho de peso, marcados por episódios do comer compulsivo com vômito induzido, abuso de laxantes, diuréticos, enemas (ou uso de outros medicamentos), jejum (ou período de restrição), exercícios físicos excessivos, abuso de cafeína, uso de hormônios tireoidianos, drogas anorexígenas, caracteriza um transtorno alimentar chamado bulimia nervosa. Normalmente, os episódios ocorrem às escondidas e são seguidos de uma sensação de culpa e vergonha. A compulsão alimentar consiste basicamente de alimentos ricos em carboidratos como doces, chocolates, leite condensado, tortas etc., alimentos que o paciente tende a excluir da dieta usual.

O medo de ficar "gordo" é uma preocupação extrema que se torna tema único na vida do bulímico. Ele tem prejuízo em sua autoavaliação em consequência da forma e do peso corporal.

O quadro da doença é dramático: descalcificação dos dentes aumentando o desenvolvimento de cáries, podendo levar à perda completa dos dentes, alterações metabólicas e hidroeletrolíticas como desidratação, hipocalemia, hiponatrimia, hipocloremia, hipomagnasemia e alcalose metabólica são encontrados em cerca de 25,0% dos pacientes. Estas podem levar a alterações de eletroencefalograma e, em grau severo, à falência cardíaca. A causa da morte mais comum é a parada cardíaca por deficiência de potássio. A alimentação irregular – ora come-se muito, ora come-se pouco – leva à dilatação gástrica e herniações no esôfago. O uso abusivo de laxantes leva à constipação intestinal crônica. O prolongado hábito de vomitar e abusar de diuréticos pode lesar os rins. Podem ocorrer anormalidades na função do fígado, assim como arritmias, poliúria, equimoses na face e no pescoço e anormalidades menstruais. São possíveis complicações mais raras como perfurações esofagianas, gástricas e pneumomediastino. Uma pesquisa feita pela nutricionista do Ambulatório de Bulimia e Transtornos Alimentares do Instituto de Psiquiatria do Hospital das Clínicas da FMU-SP (AMBU-LIM), Drª Marle Alvarenga, mostra que a maioria dos pacientes são jovens do sexo feminino, solteiras, com grau de escolaridade superior e tem episódios bulímicos de curta duração, provocando vômitos imediatamente após as refeições.

Foram encontradas algumas particularidades como o abuso de medicamentos para emagrecer: 76,9% dos pacientes recorriam aos moderadores de apetite, 68,0% usavam laxantes, 66,1% usavam fórmulas para emagrecer, 49,0% recorriam ao uso de diuréticos, 35,0% usavam hormônios e 63,3% apresentavam vômitos induzidos – a maioria tinha um episódio de vômito por dia.

Na análise dietética havia desvios enormes, a menor ingestão calórica foi de 158,4 kcal e a maior de 19.257,5 kcal, concluindo serem necessárias uma análise e abordagem nutricionais individuais, pois os padrões são bastante diferentes e variáveis.

É importante salientar o perigo de uma dieta desequilibrada e do uso indiscriminado de medicação, que na verdade funcionam como uma muleta, para encobrir sua paralisação; quando retirada esta muleta você cai novamente.

Vença seus medos, caminhe com suas próprias pernas em busca de uma qualidade de vida melhor, para isso você deve amadurecer seu interior e preparar-se decididamente para mudanças de hábitos alimentares e comportamentais, que devem estar perfeitamente adaptados ao seu estilo de vida para que tenham uma continuidade progressiva e eficaz.

11.3.2 – *Balanço energético*

Vamos agora falar em soluções para você que está amadurecendo a ideia de mudança e de respeito a si e a seu corpo.

Para falar em dieta ideal precisamos entender uma série de coisas, entre elas o que vem a ser BALANÇO ENERGÉTICO: a manutenção do peso corporal durante um período de tempo é considerado indicativo de balanço energético em equilíbrio, isto é, quando a ingestão energética é igual ao seu gasto. Da mesma forma, o aumento e a perda de peso resultam, respectivamente, de balanços energéticos positivo e negativo.

As alterações a curto prazo do peso corporal resultam mais frequentemente de flutuações no equilíbrio hídrico do que no equilíbrio energético. Portanto, os estudos relacionados com os efeitos de diferentes esquemas dietéticos sobre o balanço energético devem incluir não somente medidas exatas da ingestão calórica, gasto energético e alterações de peso, bem como diversas medidas de composição corporal. As necessidades energéticas de uma pessoa constituem-se de dois componentes principais de consumo: a energia gasta com o crescimento e a manutenção e a energia gasta na atividade física.

A necessidade total de energia é determinada por numerosos fatores intrínsecos e ambientais que influenciam qualquer um ou ambos. Os componentes do gasto energético são variáveis e não completamente dependentes.

11.3.3 – Metabolismo basal

Metabolismo basal e de repouso é o gasto energético para manutenção das atividades basais do organismo, é relativamente constante e inclui:

- Manutenção do tônus muscular e da temperatura corporal.
- Circulação.
- Respiração.
- Outras atividades glandulares e celulares, incluindo as relacionadas com o crescimento.

Para determinar o gasto energético basal o indivíduo permanece deitado, desperto, em completo repouso. A prova é realizada pelo menos quatorze horas depois da última refeição e diversas horas depois de um exercício vigoroso.

O período mais conveniente para satisfazer estas condições é na parte da manhã, antes do desjejum.

A taxa metabólica basal é muito constante para indivíduos do mesmo sexo, idade, e composição corporal. Portanto, variações notáveis no metabolismo basal constituem uma indicação de doença. Casos de hipertireoidismo, hipotireoidismo, mixedema e outros distúrbios endócrinos podem modificar a taxa metabólica basal.

11.3.4 – Fatores que influenciam a taxa de gasto energético

O gasto com a manutenção é um componente do gasto energético total muito constante em um adulto. Existem variações normais no metabolismo de diferentes pessoas, cujas causas se encontram no próprio organismo – o tamanho, a forma e a composição do corpo, a idade e a atividade de certas glândulas internas.

• Tamanho e composição corporais

Estes fatores influenciam as necessidades energéticas por afetarem tanto o metabolismo de repouso como a quantidade de energia consumida no movimento do corpo.

Para facilitarmos nosso estudo, vamos dividir o peso corporal em: *massa magra* – parte do peso corporal total que permanece após toda a gordura ser removida, sendo portanto formada pelos tecidos musculares esqueléticos, pele, órgãos, além de todos os outros tecidos não gordurosos e *componente gordura* – resultante de toda a gordura do organismo.

> Peso corporal = massa magra + componente gordura

Quanto mais tecidos de músculos esqueléticos tivermos, maior será nossa atividade metabólica.

Exemplo: um atleta tem a taxa metabólica mais alta do que um indivíduo com o mesmo sexo e altura, porém com atividade sedentária, que por sua vez terá sua taxa mais elevada do que o indivíduo obeso.

Desta forma, pode ser que pessoas comumente com peso acima do normal para sexo, idade e estatura não sejam considerados indivíduos gordos, porque são pessoas direcionadas à rotina de exercícios físicos e uma dieta alimentar específica que lhes proporcione um grande desenvolvimento musculoesquelético, e não com componente de gordura.

E inversamente, pessoas que são consideradas magras por apresentarem um baixo peso corporal podem, na realidade, mostrar um menor peso corporal em função de deficiências no desenvolvimento muscular e/ou ósseo, e não na quantidade de gordura.

• Idade e crescimento

Variações normais do metabolismo de repouso resultam da idade e do crescimento. O índice relativo é mais elevado durante o primeiro e o segundo ano de vida e diminui depois, embora ainda seja elevado durante a puberdade tanto em homens como mulheres; com a parada do crescimento o metabolismo basal diminui e, se a ingestão calórica continuar sendo a mesma, pode levar à obesidade.

As recomendações de energia para crianças até dez anos de idade são as mesmas para ambos os sexos, mas são mais elevadas para rapazes do que para moças depois de onze anos devido às diferenças nos índices de crescimento e modificações na composição orgânica durante a puberdade, como mudança nos padrões de atividade.

Durante a vida adulta existe uma diminuição constante no gasto energético. O metabolismo basal diminui devido à queda da massa celular ativa, compensada por um aumento na gordura total. Essa redução no metabolismo é calculada como sendo de aproximadamente 2% para cada década depois dos vinte e um anos. Dos quarenta aos sessenta anos ocorre outra redução, a atividade física tanto durante o período de trabalho como no período de lazer podem estar reduzidas. Após os sessenta anos o declínio é maior, tanto na taxa metabólica como na atividade física. Estas reduções são imprescindíveis e variam de acordo com o estado de saúde e capacidade do indivíduo.

- Doenças

Infecções ou febres aumentam a taxa metabólica basal em proporção à elevação da temperatura corporal, aproximadamente 7% para cada grau centígrado aumentado na temperatura normal.

- Glândulas endócrinas

Como já foi dito, as secreções de certas glândulas endócrinas, como da tireoide, suprarrenais e hipófise, afetam o metabolismo. A secreção da tireoide tem efeito mais acentuado. O hipertireoidismo é a afecção na qual o metabolismo é acelerado pela produção aumentada de hormônios tireoidianos, ao passo que o hipotireoidismo se caracteriza por uma diminuição que leva ao metabolismo subnormal. O gasto energético aumentado no hipertireoidismo é atribuído à atividade aumentada da bomba de sódio que é responsável pela manutenção dos gradientes normais de íons de sódio e potássio entre os líquidos intra e extracelulares. A adrenalina, uma secreção da medula suprarrenal, produz um aumento temporário do metabolismo. Os hormônios hipofisários que estimulam as secreções da tireoide e suprarrenal também afetam a taxa metabólica.

- O estado de nutrição

A fim de conservar a energia durante inanição acentuada ou subnutrição prolongada o organismo se adapta, diminuindo sua taxa metabólica, possivelmente até 50%.

- Clima

Também foi estudado o efeito do clima sobre a T.M.B. (repouso) e o gasto da energia em tarefas-padrão. O corpo humano tem diversos modos de proteger-se contra alterações térmicas. A exposição ao frio dá início a tremores, que consistem em uma série de rápidas contrações musculares desencadeadas involuntariamente pelo corpo para aumentar a produção de calor a fim de compensar a rápida perda de energia calórica. Após uma exposição contínua, desenvolve-se uma termogênese (produção de calor em corpo animal). O acréscimo da produção de calor significa um aumento no gasto de energia. Acredita-se que o consumo energético em tarefas-padrão seja o mesmo dentro de uma ampla faixa de temperatura acima de 14°C, sendo porém 5% mais elevado em temperaturas médias abaixo deste nível. O gasto energético total também pode estar aumentado durante trabalho pesado em temperaturas elevadas, devido ao consumo adicional necessário para manter o equilíbrio térmico nessas condições extremas.

- Efeito termogênico do alimento (ação dinâmico-específica)

Sabemos que a ingestão de alimentos aumenta a taxa metabólica em relação às condições de jejum em repouso (T.M.B.). Esse efeito foi denominado ação dinâmico-específica (A.D.E.) do alimento, mas a causa para este metabolismo aumentado ainda não está esclarecida, pois o efeito termogênico de uma refeição pode ser influenciado por diversos fatores. Entretanto, não há indicação de que o custo global desse consumo de energia em indivíduos normais exceda os 10% habitualmente calculados da ingestão energética total durante um período de 24 horas.

11.3.5 – Requerimentos energéticos totais

Existe uma variação individual na quantidade de energia despendida em uma determinada tarefa ou atividade. Para muitas pessoas, o verdadeiro gasto energético pode ser mais elevado ou mais baixo do que a média. Por causa dos diversos fatores que influenciam as necessidades energéticas do indivíduo e embora muitas pessoas pareçam ser capazes de ajustar sua ingestão alimentar ao seu gasto energético, sem qualquer esforço especial, uma dieta deve ser equilibrada não só na sua quantidade de energia de caloria total (V.C.T.), mas também na distribuição equilibrada de seus componentes: carboidratos, proteínas, gorduras, vitaminas, sais minerais e água. Em um indivíduo normal, esta proporção deve ser:

- *Carboidratos:* 50% do valor calórico total
- *Proteínas:* 15% do valor calórico total
- *Gorduras:* 35% do valor calórico total

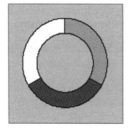

11.3.6 – Grupos de Alimentos

Vamos dividir os alimentos em três grandes grupos:

11.3.6.1 – Energéticos

• Carboidratos

Glicídios (açúcares) são formados por carbono e água. Átomos de carbono, hidrogênio e oxigênio combinam-se para formar um carboidrato ou uma molécula de açúcar com a forma geral "CH_2O". Existem três tipos de carboidratos: monossacarídeos (açúcares tipo glicose, frutose), oligossacarídeos (dissacarídeos tipo sacarose, lactose e maltose) e os polissacarídeos, que contêm três ou mais açúcares simples para formar amido, fibras e o grande polímero da glicose, que é o *glicogênio*. Os carboidratos são armazenados em quantidade limitada no fígado (glicogênio hepático) e no músculo (glicogênio muscular).

a) Funções dos carboidratos:

- Principal fonte de energia.
- Evita a desintegração da proteína, que ocorre quando o glicogênio muscular e hepático é depletado através da restrição dietética ou de um exercício extenuante.
- Ativador para o metabolismo das gorduras.
- Combustível para o sistema nervoso central.

b) Fontes de carboidratos:

- Açúcares, cereais, farinhas, tubérculos (batata, cará, mandioca, mandioquinha etc.), massas, raízes e doces em geral.

A melhor fonte para a obtenção do carboidrato na dieta são as frutas, vegetais e cereais, principalmente os integrais, que além de possuírem carboidratos são excelentes fontes de vitaminas e sais minerais.

Não podemos deixar de falar nas fibras, que são um carboidrato complexo, do tipo polissacarídeo. Os materiais fibrosos são resistentes às enzimas digestivas humanas, porém uma porção é fermentada pelas bactérias intestinais e acaba sendo utilizada nas reações metabólicas.

c) Vantagens da utilização das fibras na dieta:

1) Fibras insolúveis: ajudam no funcionamento gastrintestinal e reduzem as probabilidades de contrair câncer de colo.
Fontes: talos de vegetais, folhas, cereais integrais, farelo de trigo, leguminosas, centeio, milho e frutas.

2) Fibras solúveis: diminuem o colesterol cérico, aumenta a sensação de saciedade, ajudando muito nas dietas de emagrecimento, tornam mais lento o ritmo de absorção dos carboidratos, auxiliando no tratamento do diabetes.
Fontes: aveia (deve ser consumida crua), feijão, arroz integral, ervilhas, cenoura e uma grande variedade de frutas, principalmente a casca da maçã.

Devemos consumir aproximadamente 20 a 30 g por dia de fibras solúveis, incluindo 45 g de farelo de aveia, distribuídos durante as refeições do dia (cada colher de sopa contém 15 g de farelo de aveia e 5 g de fibra solúvel), este farelo pode ser misturado ao leite frio, adicionado a frutas, sucos e iogurtes. Outra sugestão é trocar o pão francês por pão de fibra de aveia, trocar cereais beneficiados por integrais, comer pelo menos duas porções de salada crua diariamente, comer cinco tipos de frutas diferentes ao dia, pois, além de um alto teor de fibras, estará ingerindo diferentes vitaminas e sais minerais.

- Lipídios

Atuando com a fonte mais concentrada de energia do nosso organismo temos os lipídios, um termo geral que inclui óleos, gorduras e ceras. Os óleos são líquidos na temperatura ambiente, enquanto as gorduras continuam sólidas.

a) Funções dos lipídios

- Constituem a maior reserva alimentar de energia potencial.
- Protegem os órgãos vitais do organismo.
- Proporcionam isolamento em relação ao estresse térmico de um meio ambiente frio.
- Agem como carreadores das vitaminas lipossolúveis A, D, E e K.

As gorduras podem ser classificadas em três grupos:

- Gorduras simples (triglicerídeos).
- Gorduras compostas (fosfolipídios, glicolipídios e lipoproteínas).
- Gorduras derivadas (colesterol).

Os triglicerídeos são as gorduras mais abundantes encontradas em nosso organismo e constituem a principal forma de armazenamento das gorduras na célula adiposa.

A molécula de triglicerídeo consiste em dois aglomerados diferentes de átomos:

- Glicerol.
- Ácidos graxos (saturados e insaturados).

Ácidos graxos saturados estão presentes principalmente nos produtos de origem animal (carnes, gordura do leite e produtos lácteos – manteiga, creme de leite e queijo).

O consumo elevado de ácidos graxos saturados está associado ao colesterol sanguíneo elevado e ao surgimento de coronariopatias.

Os ácidos graxos insaturados estão divididos em monoinsaturados, como ocorre no azeite de oliva, e os poliinsaturados, os vegetais – óleo de milho, girassol, açafrão, soja.

Os óleos insaturados podem ser transformados em compostos semissólidos pelo processo químico da hidrogenação, isso cria uma gordura mais compacta, consequentemente o óleo hidrogenado se comporta como uma gordura saturada. As gorduras hidrogenadas mais comuns são as margarinas.

Entre os ácidos graxos insaturados de maior interesse nutricional temos o ômega 3, chamado de ácido eicosopentanoico (EPA) e o ácido docosahexanoico (DHA), cujas principais fontes são os óleos de peixe, principalmente arenque, salmão, enchova e atum; e o ômega 6, ácido araquidônico (AA) e o ácido gamalinoleico (GLA), que se encontra principalmente nos óleos vegetais.

Os esquimós da Groenlândia, cuja dieta consiste principalmente em carne de peixe, foca e baleia, apresentam níveis baixos de triglicerídeos e colesterol total e níveis altos do colesterol HDL – conhecido por oferecer proteção cardiovascular – e a agregação plaquetária diminuída, o que os torna resistentes às doenças provocadas por coágulos. O mesmo acontecia nas vilas litorâneas japonesas, onde o peixe era o prato principal na alimentação.

Demonstrou-se que o óleo de peixe reduz os níveis sanguíneos de LDL (lipoproteínas de baixa densidade) e de VLDL (lipoproteínas de baixíssima densidade), formas danosas de colesterol.

No entanto, altas doses desses óleos são prejudiciais à saúde:

- Reduzem a capacidade de coagulação sanguínea em indivíduos.
- São tóxicos (devem sempre vir acompanhados de vitamina E).
- Danosos ao diabetes (óleos de peixe produzem aumentos notáveis de açúcar no sangue e declínios na secreção de insulina).
- Podem causar deficiências vitamínicas.

Portanto, a melhor forma de obter o óleo de peixe é ingerindo-o onde a natureza o colocou – o peixe, principalmente os marinhos, no mínimo três vezes por semana, quando o ideal seria 30 g ao dia.

11.3.6.2 – Construtores

• Proteínas

As proteínas são formadas por subunidades denominadas aminoácidos. O corpo necessita de vinte aminoácidos diferentes, sendo que oito deles não podem ser sintetizados pelo organismo e deverão ser fornecidos pela dieta; estes aminoácidos são conhecidos como aminoácidos essenciais.

As proteínas que contêm todos os aminoácidos essenciais são denominadas proteínas completas (proteína animal) e as proteínas que não contêm todos os aminoácidos essenciais são as proteínas incompletas (proteínas de origem vegetal).

a) Funções das proteínas:

- Construir, manter e renovar os tecidos do organismo.
- São responsáveis pelo crescimento do corpo humano.
- Desempenham um papel importante na regulação ácido-básica dos líquidos corporais.
- São essenciais para a ação muscular.

b) Fontes das proteínas:

- Proteínas completas: leite e derivados (exceto a manteiga), ovos, carnes (bovinas, aves e peixes).
- Proteínas incompletas: leguminosas (feijão, soja, ervilha, lentilha, grão-de-bico).

c) Quantidades:

– Leite:

crianças com menos de 9 anos	– 2 a 3 copos
crianças de 9 a 12 anos	– 3 ou mais copos
adolescentes	– 4 ou mais copos
adultos	– 2 copos
gestantes	– 3 ou mais copos
mulheres que amamentam	– 4 ou mais copos

Obs.: Você pode substituir o leite por seus derivados: 1 copo de leite equivale a mais ou menos 1 fatia de 30 g de queijo branco ou ricota, 1 colher de sopa de requeijão, 1 copo de iogurte ou coalhada.

– Carnes e ovos: 1 porção a cada principal refeição. Cuidado com os ovos, principalmente com as gemas, que são muito ricas em colesterol. Dê preferência às carnes brancas de aves e peixes sem pele.

– Leguminosas: consumir 1 porção a cada principal refeição.

11.3.6.3 – Reguladores

• Minerais

Proporcionam a estrutura na formação dos ossos e dos dentes e são importantes para a síntese dos macronutrientes biológicos, do glicogênio, das gorduras e das proteínas.

Uma dieta balanceada proporciona uma ingestão adequada de minerais. A suplementação mineral específica é desnecessária na maioria dos casos.

Devido ao alto índice de osteoporose encontrado em indivíduos mais idosos e em mulheres que treinam intensamente, a ponto de afetar a menstruação, devemos incluir à nossa alimentação diária 1.200 mg de cálcio, advindos do leite e seus derivados, vegetais verde-escuros e leguminosas. Não podemos também esquecer do flúor, que é importante na manutenção na estrutura óssea. Fontes de flúor: água potável, chá e alimentos marinhos.

Durante e após os exercícios físicos deve ser feita a hidratação com água e eletrólitos, principalmente o sódio. O sódio conserva mais a água no organismo, quando este, através da transpiração, aumenta a concentração de volume sanguíneo e a sobrecarga cardíaca.

- Vitaminas

As vitaminas sintetizadas em laboratório têm o mesmo efeito que as vitaminas naturais no funcionamento corporal. Estes suplementos vitamínicos, porém, não adicionam qualquer melhora na saúde, uma vez curada a deficiência vitamínica. Até hoje não se comprovou que o uso de suplementos vitamínicos aprimore o desempenho em exercícios e a capacidade de treinamento em pessoas sadias e em bom estado nutricional.

Ao contrário do que se pensa, as vitaminas não são tão inofensivas assim, quando consumidas em excesso e sem orientação podem provocar vários danos à nossa saúde, como, por exemplo: o excesso de vitamina A provoca vômitos, cefaleia, descamação da pele, anorexia e tumeficação dos ossos longos; o excesso de vitamina D ocasiona vômitos, diarreia, redução ponderal e dano renal; a vitamina C, em demasia, possibilita cálculos renais, enquanto a vitamina B3 (miacina) provoca rubor, queimação e formigamento, quando administrada em forma mais elevada que a necessária.

O interessante é obter tais vitaminas de suas fontes naturais, ou seja, dos alimentos, através de uma dieta equilibrada, como vamos ver ao final deste capítulo.

- Água

A água é um nutriente extraordinário, compõe 40% a 60% da nossa massa corporal total e 72% da massa muscular. Funciona como lubrificante das articulações, ajuda a proporcionar a estrutura e a forma do corpo, nutrientes e gases são transportados em solução aquosa, produtos de desgaste saem do corpo através da água na urina e nas fezes, sendo um estabilizante térmico.

A água pode ser obtida de várias formas: água dos líquidos, água dos alimentos e água metabólica (produzida durante as reações produtoras de energia).

Devemos consumir, no mínimo, doze copos de água pura ao dia. Crie este hábito: beba um copo d'água a cada hora que estiver acordado.

11.4 – Como compor um cardápio balanceado

Para se ter uma alimentação equilibrada é necessário consumir a cada refeição um elemento de cada grupo alimentar.

Vamos dividi-los em seis grupos:
1. Leite e derivados.
2. Frutas e hortaliças (verduras e legumes).
3. Cereais, pães, massas e farelos.
4. Leguminosas (feijão, grão-de-bico, lentilha, ervilha).
5. Carnes.
6. Óleos e gorduras.

É muito importante variar os alimentos para evitar a monotonia alimentar, alterando cores, consistência e os sabores, que devem combinar-se entre si.

Um exemplo de cardápio balanceado:

Desjejum: é a refeição mais importante do dia. Não saia sem ela.

- ❏ Leite ou derivados (prefira os desnatados)
- ❏ Pão ou cereais (prefira os integrais)
- ❏ Margarina (em pouca quantidade e sem sal)
- ❏ Uma fruta ou suco de fruta

Lanche:
- ❏ Uma fruta ou suco de fruta

Almoço:
- ❏ Um elemento do grupo dos cereais
- ❏ Um elemento do grupo das leguminosas
- ❏ Uma porção de hortaliças, sendo que uma salada deve ser crua
- ❏ Uma porção de carne
- ❏ Uma fruta cítrica

Lanche da tarde:
- ❏ Leite ou derivados
- ❏ Uma porção de cereais
- ❏ Uma fruta

Jantar:
- ❏ O mesmo do almoço

Ceia:
- ❏ Uma fruta ou gelatina

11.5 – Dezessete dicas finais de alimentação

1. Tomar doze ou mais copos de água por dia.

2. Evitar alto consumo de sal (retenção de líquidos e hipertensão).

3. Evitar carnes gordurosas, dando preferência às carnes brancas, sem pele, podendo também consumir carne bovina magra.

4. Evitar frituras, refrigerantes e bebidas alcoólicas.

5. O consumo de álcool deve ser acompanhado por ingestões de água, pois esta dilui o álcool, diminuindo seus efeitos colaterais.

6. Dar preferência ao leite desnatado, queijos magros, ricotas e iogurte desnatado.

7. Ovos devem ser consumidos moderadamente, no máximo três vezes por semana, devido ao alto teor de colesterol da gema.

8. Trocar o açúcar refinado por mel ou açúcar mascavo (que contêm vitamina B1, C, ferro, sódio; porém manere, cuidado com as calorias).

9. Evitar enlatados.

10. Dar preferência a cereais integrais, principalmente ao farelo de aveia (fibras solúveis – reduz o colesterol).

11. Comer pelo menos uma fruta cítrica diariamente (repor a cota de vitamina C que ajuda na absorção do ferro).

12. Devemos variar na escolha das cinco ou mais porções diárias de frutas e vegetais, para consumirmos diferentes tipos de vitaminas.

13. Faça no mínimo três refeições grandes ao dia, procurando consumir nos intervalos (lanches) alimentos de baixo valor calórico, como frutas, sucos de frutas, gelatina dietética, iogurtes, etc.

14. No jantar, a refeição deve ser mais leve e feita até duas a três horas antes de dormir.

15. Mastigue lentamente.

16. O sono é igualmente importante. Procure dormir de 7 a 8 horas por dia.

17. Fazer exercícios físicos, como caminhadas de 45 minutos, no mínimo três vezes por semana.

11.6 – Uma palavra final

Parece exagero, mas o uso de medicamentos e a tendência em se imputar aos radicais livres toda a culpa dos processos degenerativos e lesivos do nosso organismo está virando uma grande moda. Apesar do perigo, a grande maioria dos brasileiros se automedica ou segue conselhos de quem não tem formação profissional para tanto.

A literatura nos mostra resultados conflitantes e amplos no que se refere ao campo de atuação tanto de radicais livres como dos antioxidantes. Não podemos negar que a área de pesquisa é promissora e que o uso de antioxidantes poderá fazer parte de programas de prevenção e tratamento de doenças.

Até o momento parece precoce indicar rotineiramente o uso de antioxidantes em altas doses, visto que ainda não temos resultados bem definidos a longo prazo de sua ingestão e de seus efeitos colaterais. Finalmente, faltam estudos prospectivos, aleatórios, duplo-cegos e com maior tempo de duração para podermos considerar a suplementação de antioxidantes fundamental para uma vida melhor.

Uma dieta balanceada, rica em frutas e vegetais, elaborada por um profissional competente e adaptada ao modo de vida do paciente, assim como a prática de exercícios físicos e a abolição de hábitos sabiamente maléficos, como o tabagismo, é a medida preventiva mais eficaz no momento.

Referências bibliográficas

1. ABREU, M. R., DAMIANI, D. *Obesidade, Endocrinologia Pediátrica*. São Paulo: Sarvier, 1989.
2. ALVARENGA, M. *Aspectos atuais da bulimia nervosa*. Nutrição em Pauta, Núcleo Consultoria, Com. e Rep. Ltda., fevereiro de 1998.
3. ANDERON, L., DIBBLE, M., TURKKI, P.; MITCHELL, H.; RYNBERGEN, H. *Nutrição*. Rio de Janeiro: Guanabara Koogan, 1988.
4. BASDEVANT, A.; LE BARZIC, M.; GUY-GRAND, B. *As obesidades*. Serviço de Medicina e Nutrição – Hospital Hôtel-Dieu. Paris, 1994.
5. CORREIA, M. I. *Atualidades Dietéticas*. São Paulo: Abbot Publicações, 1995.
6. FRANCO, G. *Tabela de composição química dos alimentos*. Rio de Janeiro: Atheneu, 1992.
7. GOLEMAN, D. *Inteligência Emocional*. São Paulo: Objetiva, 1995.
8. HENDLER, S. S. *A enciclopédia de vitaminas e minerais*. Rio de Janeiro: Campus, 1994.
9. KATCH, F.; McARDLE, W. D. *Nutrição, controle de peso e exercício*. Rio de Janeiro: Medsi, 1984.
10. KEEN, S. *A fronteira interior*. São Paulo: Saraiva, 1994.
11. MAHAN, K.; ARLIN, M. *Alimentos, nutrição e dietoterapia*. São Paulo: Rocco, 1994.
12. McARDLE, W. D.; KATCH, F. I.; KATCH, V. L. *Fisiologia do exercício*: *energia, nutrição e desempenho humano*. Rio de Janeiro: Guanabara Koogan, 1998.

Posfácio

Ao longo desta última década venho observando as mudanças e os rumos que a Educação Física vem tomando. Sempre houve épocas em que certas modalidades de atividades físicas dominaram o mercado com as suas propostas e novidades, porém quase sempre deram lugar a outras modalidades com propostas ainda mais inovadoras.

Cheguei a pensar que o trabalho de *personal trainer* iria seguir pelo mesmo caminho, o que seria injusto, uma vez que ele valorizou e colocou o professor de Educação Física em lugar de destaque perante a mídia e a sociedade, sendo este considerado por todos como um profissional capaz de realizar trabalhos com resultados fantásticos, através de técnicas e metodologias específicas superiores às atuais. Na verdade este mercado estourou no Brasil muito antes de termos alguma publicação sobre o assunto, muito menos uma metodologia, o que levou à formação de milhares de *personal trainers* da noite para o dia.

Com certeza todo professor deveria ter condições de planejar e aplicar aulas particulares, porém o importante é a necessidade que existe da formação de um consenso entre professores e alunos para que o título de *personal trainer* não vire uma atividade física qualquer e sim um sinônimo de profissional capacitado e competente, que aliado ao conhecimento científico seja capaz de realizar trabalhos em prol da saúde. É neste intuito que profissionais como o nosso autor e professor Luiz Antônio Domingues Filho estão acrescentando maior nível nas pesquisas e literatura sobre este assunto, o que muito vem a acrescentar para o enriquecimento de nossa classe.

Regulamentação, seriedade e melhor nível de aprendizado é tudo o que a Educação Física e nós professores precisamos para ocupar definitivamente o nosso espaço. Tenho certeza de que este livro que vocês estão prester a ler servirá como um permanente instrumento de consulta para resolver as dúvidas que surgem no nosso dia a dia de trabalho, pois é resultado do conhecimento e das pesquisas de um colega e profissional que sempre contribui e tem muito para acrescentar à Educação Física.

Prof. André Galvão
Presidente da Associação Brasileira
de *Personal Trainer* – RJ
(*in memorian*)